青少年 财经素养培优 系列

图解 90分でわかる経済のしくみ

给年轻人的经济启蒙

[日]长濑胜彦 著　　董航 译

中信出版集团 | 北京

图书在版编目（CIP）数据

给年轻人的经济启蒙 /（日）长濑胜彦著；董航译
. -- 北京：中信出版社，2023.3
ISBN 978-7-5217-5340-0

Ⅰ . ①给… Ⅱ . ①长… ②董… Ⅲ . ①经济学－通俗
读物 Ⅳ . ① F0-49

中国国家版本馆 CIP 数据核字 (2023) 第 027101 号

图解 90 分でわかる経済のしくみ
ZUKAI 90 PUN DE WAKARU KEIZAI NO SHIKUMI
Copyright © 2018 by Katsuhiko Nagase
Original Japanese edition published by Discover 21, Inc., Tokyo, Japan
Simplified Chinese edition is published by arrangement with Discover 21, Inc.
本书仅限中国大陆地区发行销售

给年轻人的经济启蒙
著者： 〔日〕长濑胜彦
译者： 董航
出版发行：中信出版集团股份有限公司
　　　　　（北京市朝阳区东三环北路27号嘉铭中心　邮编　100020）
承印者： 北京联兴盛业印刷股份有限公司

开本：787mm×1092mm 1/32　　　印张：6.75　　字数：102千字
版次：2023年3月第1版　　　　　印次：2023年3月第1次印刷
京权图字：01-2020-1141　　　　　书号：ISBN 978-7-5217-5340-0
定价：59.00元

本书的目的在于帮助读者掌握经济学的基本知识和思维方式。

都说人是"经济动物"，可是许多人对经济的直观理解和解释存在错误。要理解经济，就需要学习经济学的知识，掌握经济学的思维方式。鉴于许多人对经济学抱有畏难情绪，本书争取做到语言通俗，同时配有图解，希望更利于大家理解。

本书自2006年发行初版以来，有幸得到再版修订。借助此次更新的机会，加入了虚拟货币等相关章节。不过，本书并不是一味追逐时下新鲜的话题，只是出于如下想法：倘若我们事先掌握了经济学的原理及思维方式，那么对于新兴的事物、现象的理解也相对会更容易。

当然，书中所述内容的大部分已有诸多论述，笔者只不过是对其加以整理而已。再者，经济学本身就存在各种理论，同一问题存在对立见解的情况并不少见，倘若对其逐一加以说明，反而会让人"如堕五里雾中"，因此本书特意选择简单的处理方式。

很久以前，我曾参演永六辅（1933—2016，原名永孝雄，日本作词家、艺人、随笔家）先生的广播节目。彼时，有幸聆听井上厦（1934—2010，日本小说家、剧作家、放送作家）先生关于"晦涩的要简单化、简单的要深刻化、深刻的要趣味化"之教诲。自那以来，我在编写本书的时候总是提醒自己要注意这一点。惟愿以此抛砖引玉，希望读者更多地了解经济学的思维方式。

目录

第2章 用经济学的眼光看世界 ………………… 067

第3章　政治和经济的关系　………… 139

第1章

从"商品价格"中
学习经济学

关注身边商品的价格，学习经济学知识。

关键词是：需求和供给。

商品的定价方式

价格确定于需求和供给达成平衡之时。

市场决定价格

大多数商品会因为价格（售价）上涨出现买方减少而卖方增加的情况。同样地，价格下降时，买方增加而卖方减少。

那么，价格究竟是如何确定的呢？

经济学认为，当在某个价格，想买的人和想卖的人人数相同时，价格就确定下来了。

比如，某个广场上聚集了大量来买西红柿的人和来卖西红柿的人。经济学把这个广场叫作"市场"。市场上还有一个被称为"拍卖者"的人。

拍卖者的工作就是对西红柿的交易价格进行提议。如果来买西红柿的人认同拍卖者提议的价格，则举手示意。同样地，来卖西红柿的人若认同该价格，也举手示意。

拍卖者会先抛出一个议价"80日元"。想以80日元卖出者有90人，想买入者则有130人。如此一来，买方人数更多一些。此时，拍卖者再次提出"120日元"的议价。这个时候，想以120日元卖出者达到110人，而想买入者则变成85人。这次明显是卖方人数更多。

于是，拍卖者再次提出"100日元"的议价。这一次，买方人数和卖方人数均变成100人。这时候，西红柿的价格就确定为100日元。

当然，在实际生活中，人们不会为确定西红柿的价格而聚集在广场上。只不过，这个问题的思路就是这样的。

在自由竞争市场上，价格确定于买方人数和卖方人数达到一致之时。此外，经济学认为，此时的价格最合理且没有任何浪费。

商品定价的基本原理

广场（市场）上聚集了很多前来买西红柿的人，此时……

价格确定于供需达成平衡之时

谈到经济，往往会出现"需求"和"供给"这样的术语。可以说，**需求是想以该价格买入者的数量合计，而供给则是想以该价格卖出者的数量合计**。换个角度来理解刚才的结论，即价格确定于供需达成平衡之时。

当然，现实世界中更多是需求和供给无法平衡的状况。刚才的示例不过是模型而已，是理想的状况下才会出现的情况，只是为方便读者理解商品的定价原理。

市场是高效的系统

供需平衡则价格确定，买卖双方都没有剩余。

均衡价格是高效的

市场是个非常高效的交易系统。

这是因为，如前所述的供需平衡会让买卖成立，从而使市场进入买卖双方都没有剩余的状态。

资源在市场上会得到有效分配。

如前所述，在自由竞争中，价格确定于供需平衡之时。这个价格叫作"均衡价格"或者"市场价格"。**在均衡价格下，想买入者均可以此价格获得该商品，想卖出者均可以此价格出售该商品。**

当定价高于均衡价格时，则卖方多于买方，卖方出现剩余。反过来说，当定价低于均衡价格时，买方出现剩余。**当卖方和买方均没有出现剩余的时候，均衡价格下的交易就是高效的。**

消费者剩余和生产者剩余

假设均衡价格是100日元，但实际上会有即使150日元的高价也有人想买入的情况。经济学认为，如果这类愿出高价买入者以100日元买到了该商品，则实际上赚到了50日元。买方赚到的这部分叫作"消费者剩余"。

卖方这边，即使70日元的低价也有人愿意卖出。对这类愿以低价卖出者来说，若以100日元卖出该商品，他们其实是赚到了30日元。与买方赚到的思路是一样的，卖方赚到的部分叫作"生产者剩余"。

把在市场上进行交易的所有消费者的消费者剩余与在市场上进行交易的所有生产者的生产者剩余加在一起，其合计在均衡价格时达到最大。

市场交易的效率很高！

市场

1个100日元

想卖出者
100人

＝

想买入者
100人

在均衡价格下，想买入者均可
以此价格获得该商品

买方和卖方均没有出现剩余

对于愿以高于均
衡价格的价格买
入者而言，是赚
到了！

本打算以150日
元买入的，赚
到了！

50
日元
差额
的
部分

消费者剩余

对于愿以低于均
衡价格的价格卖
出者而言，是赚
到了！

其实以70日元也
是能卖出的，赚
到了！

30
日元
差额
的
部分

生产者剩余

也就是说，此时市场的所有参与者赚到的部分合计最多。从这个意义上来说，市场是高效的交易系统。

然而，这种高效并不能自动实现。比如，卖方是行业垄断者的时候，卖方市场首先就不存在竞争，买方只能被迫接受卖方的高价格。如此一来，原本应该留在消费者手中的剩余会进入生产者的口袋，从结果上就影响了公正分配。

此时，就需要政府加以规制，确保自由公正竞争的开展。可话说回来，如果允许政府大幅度介入，难免会出现政府公职人员和政治家中饱私囊的情况。高效的市场绝非以常规方法就能轻易实现的。

股票的定价方式与其他商品相同

股价亦确定于"需求"和"供给"达成平衡之时。

需要有卖方和买方

已经公开发行的股份有限公司的股票可以在市场上买卖。既然能在市场上买卖，本质上与汽车、橡皮擦没有区别。只不过，汽车帮助人移动，橡皮擦可以擦去铅笔写下的字迹，股票本身却没有什么用途（如今，因为电子化的普及，股票就连实物都没有）。

那么，人们为什么要买股票呢？因为可以炒股赚钱。持股之后，可以定期获得股息（也存在没有盈利的企业就没有股息的情况），这是目的之一。只不过大多数买股票的人看重的并非股息，而是以后的增值。但是有个问题，股价并非绝对会升上去，因股价下跌而苦恼的大有人在。

有人表示疑惑，"为什么股价会下跌？买了股票就坐等升值，不是吗？持有股票的人都这样做的话，大家不就都可以赚钱了吗？"的确，无论是谁，都不愿意以低于买入价的金额便宜卖出。尽管如此，股价还是存在下跌的情况，这究竟是为什么呢？

股市的成立，即股票的买卖要在市场上进行，就需要卖方和买方。

买方期待的是，"以这个价格买入，将来股价上涨，就可以挣到其中的差价"。而卖方则觉得不安，"估计这只股票差不多要跌了吧"。也就是说，卖方和买方对股票未来价格走势的预测是不同的。

如果很多人预测"这家公司的股价会涨"，那么股票卖出者就会减少，买入者就会增加，如此一来，股价上涨。相反，一旦人们认为"这家公司的股票已经不行了"，那么增加的只会是卖出者，而买入者则几乎为零，这就会导致股价大幅下跌。

因为有卖方和买方，股票市场才会成立

并非所有人都能等到升值

现在，回到最初的提问，"为什么股价会下跌？"

大家都不想在股市中亏损，能等到升值的人尽管去一味坐等便是，这叫作"死捂"。

但是，首先，因为有太多的人是在更便宜的时候买入了这只股票，所以他们只要在自己认为"差不多要抛售了"的时候卖出，那么无论你怎么想，股价一定会下跌。

其次，很多人无法在升值之前做到长线等待。如果是借款买股票的人，他们在还款期限到来的时候，很可能会无奈卖出，以偿还借款。

再次，还有不少人会发现其他可能升值的股票，他们为筹集购买那些股票的资金，会选择哪怕损失也要卖出，这叫作"止损"。

虽然说绝对不以低于自己买入价的金额卖掉，这是个人的自由，但是只要不存在买方，股票是无法被卖出的。

日元贬值，是赚还是赔

与商品价格相同，日元、美元等通货的汇率也是由供需关系决定的。

想要买入日元的人减少，则日元贬值

很多人去美国旅游后，会把带回来的美元兑换成日元。"把美元兑换成日元"的意思，换种说法，即"用美元购买日元"。

与商品价格相同，日元价格也随着需求和供给的关系而上下浮动。想要买入日元的人增加，则日元升值；反之，想要买入日元的人减少，则日元贬值。

那么，谁会购买日元呢？首先就是贸易相关的企业。日本的汽车制造商要把汽车出口到美国，就需要用美元来接受货款。

只不过，它们给日本员工的薪资是以日元支付的，给日本零部件厂商支付款项的时候也要用到日元。所以，需要在买卖各国通货的"外币兑换市场"上，卖掉自己收到的美元汽车货款，然后买入日元。因此，当日本对外出口增加时，购买日元的企业会增加，日元也相应升值。

在此要注意的是金额数字的读法。

当在报纸上或者新闻中看到"1美元从100日元变成了120日元"的时候，你该不会认为"数字变大了，就表示日元升值了"吧？恰恰相反，这表示是日元贬值的状态。

举个例子，昨天之前可以用1美元购买100颗糖果，但是今天居然可以买到120颗，这就表示糖果价格下降了。

同样地，此前用1美元只能买到100日元，现在却可以买到120日元，这就是日元价格下降了的意思。

利差和物价上涨率会带来影响

除了贸易相关者的需求和供给，还有其他会影响日元行情价格的因素。

其中一个就是各国之间的利差。对于准备运用资金的企业和个人而言，在高利率国家运用资金比较划算，如此一来，高利率国家的通货会升值。还有一个就是各国的物价上涨率也会带来影响。当持有物价上涨、出现通货膨胀的国家的通货时，该通货的市值会不断蒸发，最终导致亏损。所以，通货膨胀国家的通货卖得好，而且容易贬值。

2012年时，1美元大约可兑换80日元，2013年起，日本央行开始了大规模的金融缓和政策，并将其命名为"异次元"，即下调利率。2016年，政策又推进了一步，各银行预存在日本央行的存款当中的一部分适用负利率政策。或许是受其影响，2013年以后的日元开始贬值，超过了1美元兑换100日元的汇率。

日元贬值是赚还是赔，这是由其立场决定的。

日元贬值的原理

利率下降　　　　　　　利率上涨

物价上涨　　　　　　　物价下降

美元比日元更有吸引力，
卖掉日元买美元吧！

日元贬值

　　　给年轻人的经济启蒙

基本上，因日元贬值而欣喜的都是出口企业。当1美元兑换80日元即日元升值的时候，出口美国能赚取的1美元兑换下来，也就是80日元而已；然而，当1美元可以兑换120日元即日元贬值的时候，赚到的1美元相当于是120日元。

或者，下调以美元计价的价格，这样也是可以实现大量出口的。托中国赴日游客大幅增多的福，旅行业和零售业赚得盆满钵满，日元贬值在这中间起到的作用不小。然而与此同时，因为日元贬值而备受煎熬的则是进口相关者。因为日元贬值的话，美元的买入价就会升高。

"广告费导致产品价格升高"是不对的

成本增加并不意味着产品价格会因此升高。

只要卖得好，单个成本就减少

你是否听过以下这种销售话术：

"那些知名企业的产品价格都包含了广告宣传费，所以特别贵。但是我们公司因为在节省宣传费，所以可以更便宜地卖给你。"

如果对方这样说，你或许会认为要是没投入广告宣传费的话，这个产品就能卖得便宜点儿，但事情并非如此简单。

商家投入了广告宣传费，其产品的成本自然跟着上调。这一句，并没有问题，但并不意味着产品价格仅仅因此就会升高。

原本这个产品就包含了开发费、原材料费、制造者的人工费、物流费等各种成本。

但是，即便投入了诸多成本，产品价格也不见得就一定很高。因为产品卖得越好，成本相应就越会降下来。

比如，汽车的新车开发费是500亿日元。如果这种新车只卖出去5万辆，那么每辆的开发成本平均计算的话就是100万日元。但是如果卖出去500万辆，那么每辆车的成本就只有1万日元。

即使投放了广告费，只要卖得好，
单个成本依然会减少

如果广告宣传费投放了10亿日元，而且因此使销路大好、产品热卖的话，那么每辆车的成本从总体上来说有可能会下降。也就是说，如果把这个部分当作降价的话，那么投放广告其实反而可以让产品的价格降下来。

当然，对从一开始就没有投入广告宣传费的商家来

打广告让产品更便宜的原理

新车开发费

500亿日元

投入广告费

10亿日元

新款开售!

没有投入广告费

汽车销量

500万辆

汽车销量

50万辆

每辆车的开发费及广告费

1.02万日元

每辆车的开发费 1万日元
每辆车的广告费 200日元

每辆车的开发费

10万日元

打广告后每辆车的成本反而更低

说，虽然节约了广告宣传的成本，但因此使产品难以传递给消费者。不被市场认识，则销量很难提升，结果就是单个产品的成本反而更高。

很多籍籍无名的企业，其产品之所以价格低廉，并不是因为节省了广告宣传费，而是纯粹因为它们不降价的话产品就卖不掉。相反，知名企业的产品，即使价格高也卖得出去，所以其产品就是会贵一些。

请大家记住，商品价格不是由成本多少决定的，从根本上来说还是取决于供需关系。

海鲜店和酒店的共通点

海鲜店打烊前的降价理由和酒店降价的理由相同。

活物的价格是可变的

　　每个商品的供需平衡并非总是稳定不变的。一旦失衡，商品价格就随之变动。海鲜店和酒店，看似是完全不同的买卖，其实它们销售的商品有一个共通点。海鲜店卖的是海鲜，酒店卖的是客房，两者都可谓是"活物"。怎么理解呢？下面我来说明一下。

　　海鲜店老板若不尽快卖掉采购回来的海鲜，那么海鲜就会腐烂发臭。然而，腐臭的海鲜的需求量是零，根本就构不成商品。没卖完的话，采购时花费的成本会直接损失掉，所以要尽可能打折，争取在海鲜腐臭之前全部卖掉。如此一来，总归还会有收入进账。因此，在即将打烊的时候，海鲜店会大幅度打折。

酒店的客房，只是按照字面意思来理解的话，不存在任何发烂腐臭的问题，然而实际上，客房比海鲜的"保鲜"难度更高一些。因为"今天的客房无法做到明天再去卖"。

按照每天计算来分割酒店经营成本的话，**可以理解成有200间客房的酒店每天都采购了200间客房**。这和海鲜店每天采购200只海鲜的道理是一样的。

每天平均算下来的经营成本，并不是没有客人入住则数字为零。所以，这200间客房如果当天没有卖给住客（即没有客人入住），就会产生损失。因为次日出售的是另外的200间客房，当天没有客人入住的客房就相当于卖不出去而腐臭的海鲜。

如果海鲜店老板判断"今天不会有太多顾客"，则可以减少采购量。而且，冰箱、冷冻柜等保存技术这么先进，与过去相比，海鲜的保鲜更容易一些。

给年轻人的经济启蒙

酒店的客房数量没法减少

　　酒店不能因为今天没有住客就减少客房数量。因为酒店一旦建成，就必须每天都采购相同数量的客房。跟海鲜不同，客房属于建筑物，无法根据不同的日子来改变采购数量，也不能把卖剩下的客房放进冰箱去保存。

　　很多酒店会早早地开始打折，因为仅仅依靠那些原价支付住宿费的住客无法填满所有客房。更有甚者，有些酒店会在深夜时分，也就是空置的客房即将"腐烂发臭"之前，为那些没有预约前来投宿的住客提供折扣。

　　酒店在深夜打折的理由和海鲜店的打折理由实际上是一样的，因为它们卖的都是"活物"。

既然贵也卖得掉，为什么不涨价

有时候不涨价反而赚得更多。

为什么不涨价

买方想尽可能低价买入，卖方则想尽可能高价卖出，这是经济活动的原则。但是存在这样的卖方，明明他们以更高价格卖出也能卖得掉，他们却不这样做。

以人气艺术家的音乐会门票来举个例子。如果这个艺术家的门票一经开售就即刻售罄，那么他按照现价的两三倍来卖，应该也是能全部卖出去的。既然如此，为什么不这样做呢？白白放弃眼下赚钱的机会难道不违背经济活动的原则吗？

有可能是，这位艺术家不仅希望那些有钱的粉丝来看音乐会，还希望那些没钱的粉丝也来看音乐会，这个时候他会卖得便宜一些。但也有可能是，他意识到如果门票不涨价，最终从结果上来看还是会赚得更多一些。

虽说这是一种精于世故的思维方式，但是经济学思维就是这样，带着这样的假设来看待世界。

人气买卖的计算

实际上，这个问题存在若干假设，唯一可以断言的是，与蔬菜鱼类那样的商品不同，音乐会的门票无法随着当时的供需关系变化或涨价或降价予以出售。

艺术家做的是人气买卖，现在人气高涨，但是不知道哪天就过气了。如果有人气的时候趁机涨价，那么人气下滑的时候则很难再有人光顾。那个时候再要降价的话，就太难看了。因此也可以说他们这个买卖本身就比较难涨价。

顺便说一句，演员出演电视剧和电影时的片酬虽然在刚出道时稍微低一些，但是随着人气的增长会逐渐上

音乐会门票不涨价的原因

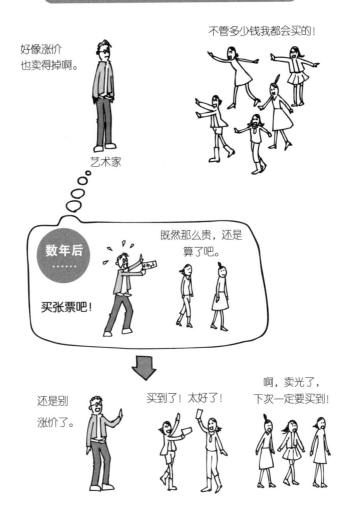

给年轻人的经济启蒙

升。咖位越高，其片酬越高。

那么他们在人气下滑的时候也会降低片酬吗？不是的，其实很难降价。从供需关系来说，应该要降价才是，但是演员也是有自尊心的，而且不降片酬貌似也是演艺圈里的规矩。

从电视台的角度来说，片酬那么高却带不来相应收视率的演员是很难用的，逐渐也就不予邀约了。当然，因为有人气，所以强势要求高价酬劳的话，还是需要慎思的。

如果真的准备以高于其他艺术家两三倍的价格来卖门票，那么就必须考虑这个做法会如何影响人气。一旦被外界认为是"钻到钱眼里"，往往会得到差评。

手头宽裕的粉丝会在音乐会现场购买T恤、毛巾等周边商品，所以即便不在门票上动脑筋，靠着周边商品的销售也是可以获利的。

"品牌"诞生的理由

品牌的作用是自豪地把对品质的自信告诉消费者。

品牌是向消费者展示品质

我们花钱买东西，此乃生活和乐趣使然。比如，买香蕉是为了吃香蕉，买电视是为了看节目。

就这些商品来说，**如果品质相同，那么价格下降需求增加，价格上涨则需求减少**。如果卖方利欲熏心、贸然涨价，就会被商品价格更低的竞争对手抢走顾客。

要高价卖出商品，就需要拿出比竞争对手更高的商品品质。但是，不少商品存在这种情况：仅仅在店里把商品拿起来看看的话，很难知道其品质的优劣。

19世纪末期，美国曾有一家名叫PROCTER的香皂商。

彼时，香皂不似今天这般的单个独立包装，而是在店里称重销售的膏状。但是，PROCTER公司对自家产品的品质充满信心，无法忍受与其他公司的产品混在一起低价称重销售的现状。

于是，PROCTER公司制造出了像现在这样的单个独立包装的有型固体皂。而且，在上面打出品牌名称"IVORY"，并进行广泛宣传："整洁时髦的家庭都用IVORY"。

结果，PROCTER香皂赢得了用户的好评，被认为是优质的香皂。这也是香皂这种商品第一次有了"品牌"的概念。

品牌的作用变了

所以说，品牌的作用是保证品质。

因为有了这层保证，所以即使价格稍贵些，消费者也愿意买单。但是，随着时代发展变化，不只是稍贵些，

品牌始于对品质的保证

没有品牌的话

品质说不准。
不便宜的话，就不买了。

香皂

称重销售

有品牌的话

品质值得信赖。
稍贵一点儿也愿意买。

一个一个单独卖

而是以相当高的价格来吸引消费者的品牌出现了。这个时候，品牌已不再是单纯地为品质保证而存在，而是变成了一种"自我满足""自我展示"的手段，可以说是品牌的意义发生了变化。

品牌所钟情的并非只有女性。

据说也有男性顾客会每周前往书店，去购买那些权威报纸的书评栏中刊登的所有书目。对于他们来说，"某某报纸"本身就是代表知识的品牌。无论是迷信这种权威的中年男性，还是时装品牌傍身便欣喜不已的年轻女性，品牌的意义于他们而言并没有任何不同。

如今，想要完全不关注品牌地生活下去，是很困难的。

自助餐厅用昂贵食材，不会经营不善吗

其实可以通过大量采购和节约人工来控制成本。

材料费可控

现在的自助餐厅虽然价格实惠，但是食材品质看起来还是很不错的。为什么它们能做到这一点呢？

当然这跟菜品的种类有关，普通餐厅的成本率（肉类和蔬菜等食材费在菜单价格中的占比）其实并不高。

据餐饮业相关杂志报道，普通餐厅即使贵一些，成本率顶多也就在30%。在餐饮行业中，据说回转寿司的成本率较高，差不多接近50%。很多人认为，与以前相比，回转寿司的原料改进很多，数字可以佐证这一点。

一般餐厅的菜单很丰富，这就需要准备多种食材。作为餐厅来说，一天当中哪个菜会出多少量，这是可以大致预测的，但是肯定没法做到对所需食材量100%精确的预测。结果呢，无论是哪种食材，最终都有卖剩下来的损失，这部分成本当然也应该纳入计算当中。

只不过，**不同于一般餐厅，像寿喜烧专卖店等使用食材有限的餐厅，只要大量采购相对固定的食材，就可以降低成本。**也就是说，食材的采购成本是可控的。

而且，食客只会在这里点寿喜烧，所以也可以减少食材损失。如此一来，就能降低成本，把富余出来的这部分钱用来采购高级食材。

人工费少就行

在餐厅经营成本当中，厨师和侍应的人工费占据相当大的比率，但是寿喜烧、涮涮锅、烤肉等自助式餐厅却可以较大程度地节约人工费。

首先是侍应。一般餐厅的话，要么聘用有经验的人，他们可以结合多种菜单回答食客的疑问，仔细记录各种点餐需求并准确传达给后厨，不洒不漏地把盛放在各种规格的餐具中的菜肴端给客人；要么就是招新后予以岗前培训，直至其上手。如此一来会增加人工费。

但是，寿喜烧就不同，基本上就是把肉类和蔬菜端到客人座位上，把空盘子撤走而已。所以，没有必要聘用人工费高的人。自助式的话，店员无须侍应，把菜肴和食材都端到固定的一个地方，客人自会前去取用，所以只是在厨房和与之并设的某个固定场所之间往返而已，需要的人数也很少。

那厨房这边呢？普通餐厅和一次性可以烹调数十人份的自助餐厅有很大区别，它们在接到客人订单之后，要预估向客人出餐的时间，然后据此再单独烹调每个菜品。在寿喜烧、涮涮锅、烤肉店里，客人很享受自己动手的感觉，所以根本不需要厨师。只是切肉切菜而已，用机器或者请个临时工就足够了。

自助餐厅和普通餐厅的对比

自助餐厅	普通餐厅

食材

大量采购，降低食材费

我买得多，算便宜点吧。

只好这样啦。

超出预估的订单很多。

▶ 需要备齐各种食材，因此就容易出现浪费

人工费

节约人工费

欢迎光临！

请问您要点些什么？

让您久等了。

▶ 一次性大量烹调
▶ 请顾客自己去取餐

自助餐的结账也很简单，所以收银员的人工费不需要很高。自助餐厅虽然在食材上会花一些成本，但完全能够赢利，实际上，它们的秘密就在于此。

期货是决定"将来价格"的交易方式

卖方和买方在无损对方利益的前提下进行交易的事先约定是这样的。

期货是为规避风险而衍生出来的

应该有不少人认为期货风险大，不要轻易尝试。的确，毕竟有不良商人以"蚕食"顾客为生，还是不要轻易地大方出手为好。但实际上，期货本身是为规避风险而衍生出来的。

简单来说，期货就是在当下决定将来价格的一种交易方式。

在此以圆白菜农户和超市为例来说明。基本上，下一季圆白菜的收成要靠天说话，因此农户最担心的是"丰收贫穷"（量升价跌），即圆白菜大丰收导致价格暴跌。而超市最担心的是歉收导致价格暴涨，从而给进货供货带来困扰。

也就是说，双方都对将来的圆白菜行情担有风险。既然如此，不要等到下次收成，现在就在农户和超市之间定好价格，比如双方约定以每千克200日元的价格进行交易。这样一来，农户可以确定将来的收入，超市也可掌握将来的采购成本。**彼此可以相互规避未来的风险，进行风险对冲，这就是期货的作用。**

期货市场的机制

稍微再展开思考一下。应该有不少想卖期货的农户和想买期货的超市。与其大家各自分别进行价格的交涉，倒不如聚在一起交涉，这样可以更高效地定价，这就是期货市场。

期货市场需要有相应的机制，让大家都能安心参与。

在普通市场（现货市场）上，买卖一旦成立，则卖方拿钱的同时，买方拿货。然而期货市场上没有这样

期货交易的原理

对销售商不利的情况	如果只有现货交易的话	对农户不利的情况

今年歉收，没有圆白菜。

什么？圆白菜收成不好，那是要涨价吗？

收成这么好，估计要暴跌了！

量这么大，真让人犯愁呀。我们可以买下来，但是要算便宜点啊。

相互规避风险的方法

期货交易

好！

下次收成的时候要按照每千克200日元交货啊。

的现货，双方不过是在当下这个时间点上缔结了交易契约而已。而且在清算之前也不能保证其中一方不会半夜潜逃。

通常情况下，这是有相应机制的，比如开展期货交易的人要向有关部门续交保证金。有了保证金，即使与现货交易无关的人也能参与期货交易，因此也就有了投机者，他们认为这就是一场对赌，并且想要从中捞一笔。

"投机者"这个叫法听上去就不太好，但是农户和超市要通过期货市场对冲风险的话，**还是要有能为其中一方担风险的投机者，这样一来，市场才会更高效**。无论是对于那些想要减少将来价格变动风险的人，还是对于那些认为"成则大赚、败则大赔"而倾向冒险的人，期货交易都有利用的价值。

世界上真正的期货交易最早始于日本。

其历史可以追溯到1730年开设于大阪的堂岛米会所进行的大米期货交易。二战以前，日本各地都有开展大米期货交易的市场，后来于1939年，在战时统制经济之下被废止。

到了2011年7月，大米期货交易试点成功并获得认可。虽然不如预期那般活跃，但是期货交易的试点期间一延再延，直至今日。

曾经也有动向要把大米期货正式做上市，但是有政治家表示反对，担心会被用于投机，最后也就不了了之了。尽管如此，还是应该相信，如果能创建合规的市场，促进自由公平交易的开展，这对于日本的大米相关产业来说无疑再好不过。

自由贸易是双赢互惠的

在自由贸易中进行国际分工，可以让双方国家都获利。

出口的是什么

大家都认为国家之间的自由贸易基本上对两国都有益。

我们来思考一下其中的理由。

假设世界上只有A国和B国这两个国家，它们也都只有铅笔和橡皮这两个产业，两国之间的贸易商品也只有铅笔和橡皮。

A国的铅笔40日元、橡皮120日元，B国的铅笔50日元、橡皮100日元。

两国之间若展开贸易（暂不考虑运输费等），商品就会从便宜的国家出口到贵的国家，所以应该是铅笔从A国出口到B国，而橡皮从B国出口到A国。两个国家的消费者会在贸易开始之前就开始比价，理应也会更欢喜。

那么，如果A国的铅笔30日元、橡皮90日元，而B国的铅笔50日元、橡皮100日元，情况会有什么不同呢？显而易见，铅笔和橡皮都是A国的更便宜一些。此时，如果铅笔和橡皮都从A国出口到B国的话，B国的劳动者就都该失业了。

经济学告诉我们，这种情况是不会出现的。

想一想相对效率

这里有个比较生产费的概念。

对比A国的铅笔和橡皮价格会得到30∶90＝1∶3这个比例。B国的则是50∶100＝1∶2。在A国橡皮的价格是铅笔的3倍，在B国则不过是2倍而已。可以说，与B国相比，橡皮在A国的价值更高。换言之，可以相对低价地制造铅笔。

1 人们容易理解是对方国家出口低价商品

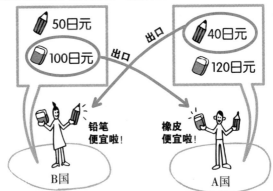

2 实际上双方国家都在出口自己可以相对低价制造的商品

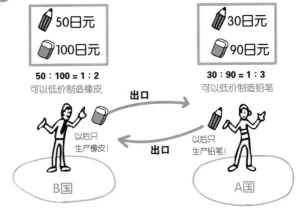

▶ **A国不生产橡皮而从B国进口的话更划算**
▶ **B国不生产铅笔而从A国进口的话更划算**

与 A 国相比，铅笔在 B 国的价值更高，可以相对低价地制造橡皮。此时，A 国只生产铅笔、B 国只生产橡皮，并且双方展开贸易的话，两国国民都可以比没有贸易的时候过得更富足一些。

在比较生产费的理论中，不存在绝对的擅长或不擅长，在相对而言的擅长和不擅长当中进行国际分工、开展自由贸易，才能让双方都获利。

（有关跨太平洋伙伴关系协定即"TPP"的内容，请参阅第 62 页的专栏）

保险是信息偏向买方的商品

保险是保险公司和投保人之间的"赌博"。

公正交易与信息的关系

市场进行公正交易的条件是，卖方和买方都掌握了与交易商品的性能、品质等相关的所有完整的信息。

但现实中，往往都只有卖方或者买方掌握了最关键的信息。既然如此，掌握信息的一方老老实实地把信息分享给交易对象不就皆大欢喜了吗？然而我们不能确保市场参与者都如此诚信。毕竟已经有不惜欺骗对方以获取不当利益的先例。

大多数商品的信息是偏向卖方的。对该商品不利的信息，比如这其实是残次品或者是无人问津的滞销品等信息，往往只有卖方最清楚，而买方一概不知。缺德的卖方会利用这一点，把商品卖给对此一无所知的顾客。当然，正经做买卖的人一般都不会这么干，因为会失信于顾客。

当然，也有一些商品的信息是偏向买方的。保险就是一个例子。

与其他商品一样，卖方，即保险公司，掌握很多有关保险这个具体商品的知识。但它们对投保人的信息掌握较少。

保险做不下去的危险

这个人的健康状况如何，有没有想要自杀，开车的时候稳不稳当，等等，都是非常重要的信息，但是比保险公司更清楚这些的是买保险的投保人本人。所以，放眼望去，事故易发人群会跑来买保险。如此一来，保险金的支付额就会增加，所以保险公司才会上调保险费，以保证利润。

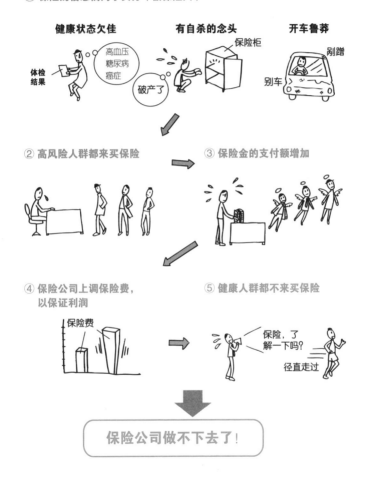

"道德风险"摧毁保险

① 保险的信息偏向于买方（被保险人）

健康状态欠佳　　　**有自杀的念头**　　　**开车鲁莽**

体检
结果

高血压
糖尿病
癌症

破产了

保险柜

别蹭

别车

② 高风险人群都来买保险　　　③ 保险金的支付额增加

④ 保险公司上调保险费，
　　以保证利润　　　　　　　⑤ 健康人群都不来买保险

保险费

保险，了
解一下吗?

径直走过

保险公司做不下去了！

　　　给年轻人的经济启蒙

保险费上调之后，身心都很健康且安全驾驶的人很可能不会再来买保险，结果就是保险公司最后做不下去了。所谓"道德风险"，就是指投保人购买保险时隐瞒真情实况，蓄意从保险中不当得利。

为防范道德风险，保险公司会全面彻查高风险投保人，必要时拒绝其投保，或者对其提高保险费。最理想的是，每个人的情况不同，保险费也应该具体细分、逐一对应才是。但是，以前因为技术和成本方面的操作难度和政策方面的规制，无法自由地进行保险设计，近年来随着自由化程度的提高，险种的选择范围也更大了。比如，可以通过电脑监测汽车的驾驶情况，对于安全驾驶者降低保险费，对于开车比较鲁莽的人则适当上调保险费。

在这个过程中，自由化给大家带来更多险种选择，投保人也必须加强学习，从中判断并选出适合自己的保险类型。媒体上经常大力宣传的"免审核投保""老人也能投保"等保险产品，基本上都看准了高风险人群会选择投保，并提前上调了保险费。**健康人群还是应该买有审核的保险，那样才划算。**

流通业让价格合理化

流通业的存在让经济活动有效进行，让价格趋于公正。

这不是"中间榨取"

提到流通业，有人就会说它们从"中间榨取"。

农业和工业会生产具体的商品，流通业却没有生产什么，而是在把商品从右边搬到左边的过程当中获利。它们"掠取"了原本属于生产者与消费者的份额，很多人认为其存在是不光彩的。日本江户时代的身份制度就把商人定位在较低下的等级。

但是，因此把流通业说成"中间榨取"的话，是极其错误的。

的确，流通业者从可以低价买入的地方购买，再拿到可以高价卖出的地方出售。比如，把在渔村买到的鱼拿去山村卖，把在农村买来的米拿去城市卖，把在法国买来的红酒拿到日本卖，把在日本买来的二手车拿去中东国家卖，等等。

如果没有流通业……

如果没有流通业者会怎么样呢？住在内陆的人想要吃到海鱼，就必须自己千里迢迢去海边。虽说海边街市的鱼比较便宜，但是要花长时间往返，需要投入时间和金钱。既然如此，还不如直接购买流通业者运来的鱼，很多时候那样反而更便宜一些。**究竟是要花时间去远方的便宜店里买，还是要在附近的店里买贵一些的，这个决定权在消费者手里。**

而且，渔业也有渔获丰收的时候和歉收的时候。

鱼容易腐烂，渔获太多的时候还会白白送给当地的居民。居民（消费者）自然是不甚欣喜，可是渔民（生产者）就难以忍受了。

流通业者连接各个市场

没有流通业者的话

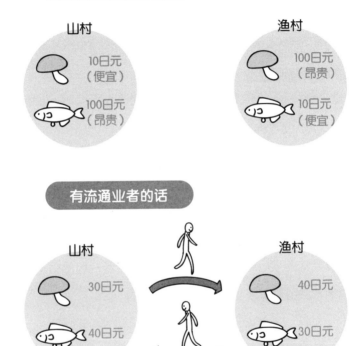

山村
10日元（便宜）
100日元（昂贵）

渔村
100日元（昂贵）
10日元（便宜）

有流通业者的话

山村
30日元
40日元

渔村
40日元
30日元

流通业者之间的竞争增加，
则山村和渔村的价格差缩小，物价会变得便宜。

这个时候如果有流通业者，他们就可以买下很多渔获并且卖到不同地方去。就渔民而言，不仅是自己居住的小城的需求，包括城外的更大的需求都可以吸收进来。

与没有流通业的时候相比，流通业者促成商品在山村和渔村之间流通，此时渔村的鱼价上涨，山村的鱼价下跌。

另外，从整体上来说，这样形成的一个大市场才会形成公正的价格，从而提高整个社会的公共福利。

日本的流通低效吗

流通的环节较多，但并不代表价格会变高。

防止寡头垄断市场

日本流通业的结构比美国等其他国家的更复杂一些。

比如，在美国，流通业者会直接跟厂商和零售商交易，但是在日本，很多时候厂商和零售商之间还有批发商。有的时候批发商还要再分为一级批发商、二级批发商等多个层级。很难说商品不会因此而卖得更贵。但是，即使存在多个环节，也并不代表价格绝对会变高。关键还是效率的问题。

无论如何，从厂商到零售商之间的商品流通都是必要的，需要有人来负责这个环节。大型厂商或许会自主地在全国架构物流网，用以流通商品，但是中小厂商就比较困难了。因为原本厂商的工作是生产商品，不一定能做好流通这个部分的工作。

如果只有厂商和零售商之间直接交易这一个方法，那么中小厂商和零售商的生意就没法开展了。但是如果有批发商的话，就可以把全国的中小厂商和零售商连接起来。这对于大型厂商和零售商来说，会形成一定的竞争压力，从而**可以防止大型厂商独占或者寡头垄断市场的情况发生**。

让新的零售商容易入局

除了直接的竞争压力，还有潜在压力。在美国的部分地区，大规模零售商一旦开店，就会以绝对性的低价展开销售，以此打败当地的零售商。然后，它们会逐渐上调价格。彼时当地已无竞争对手，它们完全能够以近似垄断的形式开展生意。

如此一来，即使有新入局的零售商希望以低价来销

批发商的存在使中小厂商和零售商可以参与竞争

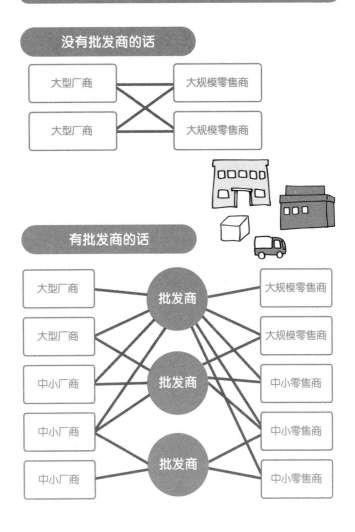

没有批发商的话

大型厂商	大规模零售商
大型厂商	大规模零售商

有批发商的话

大型厂商 — 批发商 — 大规模零售商

大型厂商 — 批发商 — 大规模零售商

中小厂商 — 批发商 — 中小零售商

中小厂商 — 中小零售商

中小厂商 — 批发商 — 中小零售商

给年轻人的经济启蒙

售，只要它们没有达到可以与厂商直接交易的规模，操作上就一定会出现困难。

但是，日本不一样，日本的批发业是很发达的，零售商要想入局是相对容易的。只要能跟若干批发商搭上线，基本上就能开始做买卖。

批发商的存在会把已有的零售商置于潜在的竞争之中。即使眼下并无竞争对手，也绝非能轻易开高价做买卖。

虽然几十年以前就有人批判日本的流通是滞后的、黑暗的圈子，但是它在看不到的地方也是有用处的。

什么是跨太平洋伙伴关系协定

"比较生产费"理论（第12课）指出，在原理上，与没有贸易的时候相比，自由贸易会让所有贸易当事国获利。但是，任何国家都有各自的历史、传统以及压力团体，大部分国家实际上会设置关税以及其他贸易壁垒。

其中，认为自身在自由贸易中会受损的个人和企业（基本上是生产者）会形成压力团体，向政治家提出抗议，而认为自身会从中获利的个人（基本上是消费者）的呼声却没那么高，因此也传不到政治家的耳朵里去。

即便在这样的情况下，国际协作依然持续了数十年，以推进自由贸易。有上百个国家加入世界贸易组织

（WTO），希望促进自由贸易的展开，但是由于涉及的国家较多，在利害调整方面需要时间，所以一直都没能达成合意。如此胶着也并不是长久之计，所以后来在少数国家之间启动了可以推进相互自由贸易的自由贸易协定（FTA）以及经济伙伴关系协定（EPA），后者除了贸易，也在积极推动服务等领域的去壁垒化。跨太平洋伙伴关系协定（TPP）也是EPA之一，随着日本、美国以及澳大利亚等国家不断推进谈判，最终在2015年10月，共有12个国家大致达成合意。

2017年，时任美国总统特朗普宣布美国退出TPP，这一举动一度影响到该协定的未来发展，但是其余11个国家通过协议，在2017年11月大致达成了新协定的合意。

新协定的正式名称为"全面与进步跨太平洋伙伴关系协定"（CPTPP），但是"TPP 11"这个简称更广为人知一些。TPP非常欢迎新成员的加入，所以参与的国家今后还有增加的可能性。

TPP的影响范围很广，在贸易上的基本方针是推进自由贸易，消除贸易保护制度。

所有TPP成员对此还是很高兴的，对于出口业者来说，毕竟对象国的保护解除或削弱了。但是与此同时，曾经受到进口关税等保护的国内业者却开始犯难了。

就日本而言，这对汽车制造企业来说的确是好消息。销往加拿大等国的汽车和汽车零部件的进口关税下调或取消的话，从日本出口就容易多了。日本虽然是粮食进口大国，但也在增加大米进口的同时，阶段性地下调牛肉、猪肉、乳制品等的关税。进口粮食和食材变得便宜的话，消费者的负担也可以更轻松一些，当然一直以来受到保护的那些农业相关者要吃苦头了。

今后日本的农业何去何从，这个课题会变得日益重要。

虽然经济原则是要自由贸易而不是保护贸易，但实际上所有国家都在保护农业。放眼全球，找不到不保护本国农业的国家。日本也是多年来投入巨额的补助金，保护农业。但是，其成果又如何呢？农业人口不断减少，全国的弃耕农地面积越来越大。

日本消费者对食物的追求不仅仅是便宜，他们需要安全且可口的农产品。想要认真做好，日本真的要好好地制定补助政策，以此让那些有意愿和智慧的农户能够充分发挥自己的本领。

第2章

用经济学的眼光看世界

不管是觉得理所当然的事情、见怪不怪的事情，还是百思不得其解的事情，只要用经济学的眼光去看，一切都会一清二楚。

利己心和竞争带动经济

即使没想要"为了社会和大众"，卖方和买方的自利行为也会让资源得到有效分配。

"看不见的手"

奥斯卡·王尔德有本面向儿童的短篇小说《快乐王子》。相信不少人还能想起自己孩童时代边读边流泪的情景吧。

在某个城市里有一座王子的雕像。他的双眼用蓝宝石装饰，腰间佩剑的装饰因为使用了鲜艳的红宝石而闪闪发光，身体被金箔包裹着，整个雕像非常华美。这位王子心地善良，见到城里受苦的人而倍感痛心，于是拜托在南飞途中留宿于此的燕子，把自己的蓝宝石眼睛、红宝石以及金箔等，悉数相赠。王子和燕子不惜牺牲自身性命也要帮助他人，他们的崇高行为让人深深为之感动。

但令人遗憾的是，这样的行为基本上都不在经济学的分析对象之中。

为什么呢？不怕大家误解地说，因为经济学这门学问思考的是人们尽情做出利己举动后会发生什么。有人担心大家都做出利己行为的话，经济会出现混乱，**然而经济学的高明之处就在于，它已经从理论上阐明了如下观点，即市场参与者（卖方和买方）的利己行为会让市场整体的资源得到有效分配。**

经济学的始祖亚当·斯密将其表达为"看不见的手"（也称"看不见的神之手"），这种现象的确不可思议到需要用神来进行说明。

公平竞争不可或缺

前文提到，因为流通业者的存在，生产者和消费者均可获利，但是流通业者本身并没有必要为了社会和大众而去做生意。哪怕他的动机只不过是"在便宜的地方

有竞争，才有适当的价格

没有竞争的话

贵也得买。

有竞争的话

卖得太贵，顾客会去其他店铺。

买入，再去其他地方高价卖出，从中赚上一笔差价"，那也完全不要紧。

生产者会努力"生产尽量能卖个好价钱的好商品"，消费者也会为"尽可能便宜地买到好商品"而努力。正是他们的这种动机才能让资源得到有效分配。

只不过这并非无条件的。无论是生产者、消费者还是流通业者，其条件都是要在公正竞争之下展开。

有了竞争，才能避免大家去牟取暴利。倘若某地的卖方以离谱的高价卖出商品，则会出现卖价更低一些的业者（毕竟价低一些也依然是合算的），顾客会集中到后者处。在竞争之下，任谁都没法轻松赚钱。

但是有个问题。

利己的人往往都想尽可能轻松地赚钱。几乎没有人天生就对竞争喜欢得不得了。

公正竞争充满辛酸苦痛，所以其中不乏一些动歪脑筋的个人和企业，他们想要巧妙回避竞争并轻松赚钱。所以，如果完全自由放任的话，经济势必出现问题。

要实现"看不见的手"，还是得借助人的手。

经济学可以区分出不当赚钱术

要是真能赚钱，就不会拉人来做，早自己闷声发财了。大家应该有这样的疑问。

真能挣钱的话就自己干

人并非只受到利己心的驱动，但是利己心却是人在行动时强有力的动机。经济学关注的焦点就在这个利己心上。

如果面前摆着若干选项，人们通常会从中选择对自己最有利的一项。如果有什么赚钱的门路，而且自己就能做的话，那大多数人都会选择自己干。不可能自己不干，反而去告诉别人。也就是说，**打着"真的能赚到钱"的旗号拉人投资的生意很可能是违反经济原则的。**

举个例子，如果有人说公寓投资确实能赚钱，那他肯定不会拉上别人，哪怕借钱都要自己买下来。之所以不是那样，是因为这并不是什么可信的赚钱方法。

没有什么轻松挣钱的事

如果拉人入伙的那个人说"我自己也在做"的话，他说的这个生意就值得相信吗？不一定。

传销类的生意最初都会在拉人的时候说，要不要试试从总部买点货回来自己代销啊。自己直接去卖货的话，的确可以获得一定报酬，但是传销讲的是还要把销售员拉进来。销售员之间存在金字塔形的等级关系，这个机制就是：自己拉进来的人以及这个人再拉进来的人的销售额当中，有一部分是算在自己的收入里面的。

正因为金字塔顶端的极少数人能挣到钱，而且在最开始的时候可以做出大家都能挣到钱的假象，所以上当受骗的人特别多。但是，传销很快会出现破绽，绝大部分参与者买下来的货找不到出路，只能积压在手里，以亏损告终。朋友关系也会因为这种死缠烂打的劝买劝卖

经济学认为，要是某件事真能挣钱，是不会告诉别人的

要是真能升值的话，

我肯定会自己都买下来才对！

和钱财亏损而画上句点。

世界上好像就是有些人不明白"天下没有躺赢的生意"这样简单的道理，而且这些人还不是什么特殊人士。毕竟人类这种生物本身就是尽可能想要让自己轻轻松松地过活。

话说回来，在研究经济学和经营学的时候，我曾被周围人要求"告诉我现在做什么能挣钱"。那个时候，我总是会说，"如果我知道的话，肯定是自己先闷声发大财，怎么会告诉你呢"。

正经商人的保身法

很难区分正经商人和失德商人。正经商人要向消费者"花点工夫告知"。

正经商人会受到伪装的牵连

公正交易的前提是，卖方和买方共有相关商品和服务的充分信息。**然而实际上，很多情况都是卖方掌握与交易商品相关的诸多信息，而买方对其知之甚少。在经济学里，这叫作"信息的不对称性"。**

失德销售商会利用这一点，妄图欺骗消费者。同样的肉，品牌肉卖的价钱会高一些，除此之外则价钱相当便宜。但是，消费者未必就能明确区分品牌肉和其他肉，所以失德销售商会把低价采买的肉的产地和品质等进行伪装，包装成品牌肉进行出售。

信号理论是证明自身商品品质并确保不被模仿的经济学概念

正经商人的优质商品不容易出现故障，所以即使增加售后保障，也没有什么成本，但是失德商人的商品容易出现故障，一旦增加售后，就会有相应成本的增加。

消费者自然不会对被骗着买了"山寨货"这件事忍气吞声，就连正经销售商也跟着受牵连。为什么呢？消费者既然无法区分失德销售商和正经销售商，自然会带着怀疑的眼光看待所有的销售商。其结果就是，正经销售商的销售额也跟着下跌。

这时候就需要政府出手，对相关不法行为进行严格取缔，但实际操作起来就像"猫捉老鼠"，难以根除。此时，正经商人不得不进行自我保护。常见的做法是在商品上张贴明示产地、生产者、品牌等的标签，可是这样的标签也依然会被伪造，正规标签会被非法转卖。因为标签的伪造非常简单，所以很难予以遏制。

何谓"信号理论"

我们来看看二手车销售行业。不同于新车，二手车的品质良莠不齐，外行消费者很难透彻了解。失德二手车销售商恰恰看准了这一点，把品质差的二手车包装成"这可是很不错的二手车哦"，并且以高（不当的）价出售。

与此同时，正经二手车销售商会把确实还不错的二手车推荐给顾客，"这辆二手车确实不错"，并且以高（适当的）价卖出。

这下子轮到消费者犯难了，因为无法区分失德销售商和正经销售商，他不会意识到自己正冒着买下残次品的风险，也要买下高价二手车。其结果就是，以适当的价格销售优质二手车这个生意做不下去了。

于是，正经销售商想出了"增加售后保障"的销售方法。

比如，向顾客承诺售后1年免费修理。这个方法的有效之处在于：正经销售商的二手车不太容易出现故障，所以即使主动为顾客增加售后保障，也不会产生额外的成本；然而失德销售商的二手车却可能故障频出，所以一旦增加售后保障，就会随之产生相当大的成本。因此，与标签不同，这个是不能轻易被模仿的。

像正经销售商的保证这样的，**证明自己出售的商**

品品质没有问题，完全没有打算欺骗对方，并且让失德销售商无法轻易模仿的这种行为所运用的就是"信号理论"。

公平贸易有多公平

"公平贸易"是以偏高的价格购买发展中国家的产品，如果扭曲竞争的话，会有反效果。

真是为了发展中国家吗

所谓经济原则，就是指卖方要尽可能卖得高价且买方要尽可能买得低价的这种现象从结果上会带来效率性。

近年来，有人提出要开展"公平贸易"（fair trade）。于是发达国家就"不当"地压低价格购买发展中国家的农产品和工业制品。其实应该以更加"恰当"的价格来采买。因为发展中国家的商品原本就很便宜，即使以略高于现价的价格采买，也不会增加发达国家的负担。

特意以高于自由竞争中形成的价格的金额来购买，其实是违反经济原则的。可是不少人觉得，如果能帮助到发展中国家，1杯咖啡贵10日元也没关系。实际上，发达国家的咖啡店的1杯咖啡价格当中，来自咖啡豆原产国的采买成本占比极少，即使是以相当高价购买，也到不了10日元，当然这又是另一回事。

可能会带来不公平

能够有帮助发展中国家的想法固然很好，但是以高于市场价格的金额买入的话，有可能会扭曲资源分配。那么，想出咖啡豆的公平贸易这个办法的发达国家的业者具体是怎么做的呢？他们通常会以高于市场的价格与某咖啡农园签订购买合同。

农园自然十分欣喜，但是它们会因此而努力生产比其他农园更好的咖啡豆吗？答案是不尽然。因为已经签了合同，就算是品质差点的咖啡豆也会被对方买下，所以倒不如说是助长了偷工减料的歪风。

与此同时，那些没能签到公平贸易合同的咖啡农园，无论它们生产的咖啡豆再怎么好，也无法被高价买走。

公平贸易妨碍竞争的例子

咖啡农园

以高于市场的价格买下来吧!

公平贸易

反正已经确定对方会买走,偷工减料有何不可呢?

再怎么努力提升品质也不会被买走……

与优质咖啡豆相比,很可能是劣质咖啡豆被以高价买走。

这样的话，不公平呀！

咖啡豆确实是产地的交易价低得离谱，原因在于咖啡豆是典型的发展中国家的农产品。

没有哪个发达国家会在国内建咖啡农园。由于不用为了保护国内业者而制定高额的关税或者限制进口，它们也没有任何可担忧之处。而且咖啡豆只要有适当的气候，是比较容易栽培的，要入行很简单。

也就是说，只要咖啡的价格稍微变高，各地的生产就会跟着增加，其结果是很快就跌回低价。

种植咖啡豆本身就是无论怎么努力也不会赚大钱的产业。要帮助发展中国家的经济发展，其实完全可以采用其他方法。

该怎么看待薪资差别

现实中存在各种薪资差别，但原则是"同工同酬"。

同工同酬

劳动者的工资是对劳动的报酬。

直白地说，打工的人出卖自己的劳动力给打工的地方（企业等），作为其酬劳而获得工资。无论是自由职业还是个体户，本质上都是在出卖自己的劳动力。

所以这中间也是基本符合需求和供给关系的。**同一商品同一价格是经济原则。既然如此，面对同一劳动也应该支付同一酬劳。**

但是，即使在同一公司做着相同的工作，薪资依然会出现差异。日本企业中，有女性薪资低于男性的倾向。

这明显就是不同性别的薪资差别，放在美国是要被起诉且支付高额的惩罚性赔偿金的。

近年来增加的，主要是正式工和非正式工之间的薪资差别。

如今，雇佣关系变得多样化，同一职场上除了正式工，还有合同工、派遣工、临时工等各种雇佣形式相异的非正式工，其薪资也不尽相同。

如果因为工作不同而出现酬劳的不同，这尚且说得过去，但是明明大家基本上都在做同样的工作，酬劳却存在差别，这就成了问题。原本企业雇用非正式工也是有原因的。比如工作量随季节变动时，企业就会想要只在工作量多的旺季大量雇用员工。但是如果以正式工形式来雇用员工的话，则必须在工作量少的淡季也要坚持发薪，在这种情况下，以那些容易限定工作期间的非正式工为工作主力也在所难免。

但是，从平等的角度来说，薪资还是应该同工同酬。如果让临时工做着与正式工无异的工作，却给其支付低于正式工的酬劳，这就构成了差别对待。

因职位以及正式工、非正式工的不同
而出现薪资的差异

应该要同工同酬。

老板和员工的薪资差别

在一般的企业薪资体系中，职务越高，薪资也随之越高。

看似是理所当然，那么老板和普通员工的薪资差别究竟有多大呢？据2017年11月24日的东洋经济ONLINE报道，2017年度日本上市企业的员工平均年薪是602万日元，董事会成员（董事和执行董事）报酬则平均达到2 644万日元，两者之比达到4.4倍。2011年度这一比例为3.9，在过去6年间增长了0.5，原因是员工酬劳比董事会成员报酬的增长更大。

美国企业的差别那就更大了。据报道，美国企业的经营管理层与普通员工的薪资差别在50年前大约是20倍，近年来则增长到近300倍。很难用薪酬平等原则去解释这天壤之别。人们会很自然地想到应该还有其他影响因素的存在。经营管理者的薪资实质上是经营管理者自身决定的，如果他们为自己"打小算盘"，那薪资自然很容易会越涨越高。

"退休年龄"并非通用制度

在美国，退休年龄制度会被认为是雇佣歧视。

实际上并非理所当然

有很多大家认为在这个世界上理所当然的事情实际上并非如此。其中，"退休年龄"是比较有代表性的例子。

日本绝大多数企业都导入了退休年龄制度，员工到了某个年龄就必须自动离职。不久以前，退休年龄普遍是55岁，甚至还有过"人生50年"这样的说法，可见退休后的人生并没有那么长，这从字面意思上来看几乎就是"终身雇用"。

然而，日本人的平均寿命在不断延长，他们的孩子却在减少，这使日本成了少子老龄化社会。受其影响，本该支撑退休后生活的年金财政也开始吃紧。

厚生年金[1]的领取开始年龄最初是55岁，后来逐渐上调，成了现在的65岁。在可以领取年金之前如果不工作的话，生活是比较困窘的，所以公司的退休年龄也随之延长。但是，年金财政并非以此就能始终保持稳定。今后，很可能进一步推迟开始领取年金年龄。

大家会问，那该怎么办呢？其实**退休年龄这个制度并非通用的**。比如在美国，日本式的退休年龄制度很有可能因为"在年龄上进行雇佣歧视"而被起诉。在美国，提到雇佣，大家对歧视还是很敏感的，不光是性别、人种方面的歧视，仅仅因为上了年纪就强制辞退的话，也普遍被认为构成歧视（但是，在欧洲，结合年金领取开始年龄而导入退休年龄制度的国家是很多的）。

---

[1]　日本的养老保险制度之一，被保险者包括就职于民间企业的全职员工以及满足一定条件的临时员工、国家以及地方公务员、日本私立学校振兴·共济事业团体成员。另外，作为公共年金制度，除了厚生年金，还有国民年金，也叫基础年金，被保险者包括所有居住在日本的20～60岁居民。

依个人意愿而调整的体系较为理想

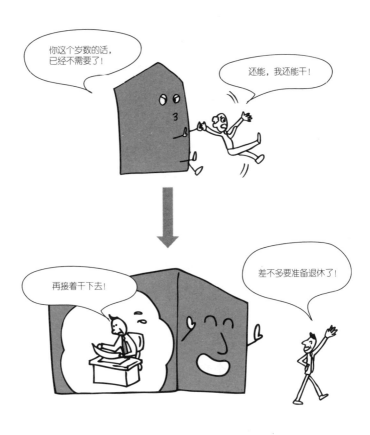

即使年龄相同，想要离职的人可以提前退休，还想继续干下去的则继续。应该要有这样的体系才好。

由本人决定就好

仔细想来，岁数大并不意味着工作能力低。对于那些老当益壮、对工作有意愿和能力的人，违背其意愿予以辞退的话，无怪乎会被说成是歧视性的制度。

在什么年龄离职，由本人决定就好。

有人喜欢工作，想要"终生现役"（工作一辈子）；也有人想要提前退休，享受悠然自得的生活。而且每个人的健康状况也不尽相同。

在美国，很多人会制订人生规划："自己要在多少岁的时候退休（辞职）"，然后去享受退休后的生活。周围人也会为其送上"Happy Retirement"（祝你退休快乐）的祝福。只不过，"一刀切"的退休年龄制度完全不顾及个人的愿望和状况。

该怎么说呢？这个制度还是应该要能让个人根据人生规划来确定其退休的时间。

救护车可以免费吗

不急的反而在用，那真正急的人有可能用不上。

免费引发的问题点

在日本，救护车是行政机构免费提供的，或许可以理解为公共财产（详情参阅第35课）。只不过，有人在用救护车的时候，其他人就用不了。要是想收费的话也可以对救护车的使用征收费用，所以从严格意义上讲，其不属于公共财产。

当然，作为行政服务应该要免费提供，这种认知还是很根深蒂固的，可是从救急救命服务以及财政的角度出发，这种免费制度还是存在问题的。特别让人无语的是，有些人明明情况不紧急却叫救护车。在日本，救护车每次出动都要产生数万日元的费用。将救护车当出租车来使用（出租车要花钱，还不如叫救护车划算），简直令人发指。如果因为这种呼叫而出动，那么很可能无法满足那些真正重伤和急病患者的需要。

这个课题是全球共通的，有些国家已经对救护车的使用收费。当然，完全可以是"真正重伤者免费，轻症则收费"，不过如何界定又成了难题。日本东京都专门设有热线电话，接听大家对是否叫救护车时的疑问，为大家介绍可以替代的交通方式。

儿童医疗免费化的后果

一般的商品和服务会因为价格下降而需求增大。如果免费，则更是可能出现需求"爆棚"的情况。在政策上要考虑免费对象时，必须认识到这一点。

比如，有些自治体会对儿童医疗进行免费。对于有孩子的家长来说，这的确是非常体贴的制度。但是，也要意识到由此会带来的儿科患者增加的状况。

免费或者收费过于便宜都会导致救护车不足

免费的话

收费过于便宜的话

给年轻人的经济启蒙

重症患者无论收费与否都要去医院就诊，所以可以想象，增加的大部分都是轻症患者。儿科医生人手充足的话也就罢了，但如今可是儿科医生到处都紧缺。

不仅如此，医生明明已经忙得不可开交，候诊室却坐满了收费就不来的轻症患者，如此一来，就变相侵占了重症患者的就诊时间。而且接诊轻症患者也不会有收入的增加，最终就造成儿科医生日益陷入过劳当中，年轻的医学生也对成为儿科医生这件事敬而远之，最终导致儿科医生人手不足的问题进一步加剧。

那么，如果推行救护车按次收费制度，费用应该以多少为好呢？让人全部支付每次动辄数万日元的成本，的确强人所难。但是如果费用设定得太便宜，反而有可能会产生反效果。

即使是现在，恣意叫救护车的人也是极少数，大多数人都在坚守道德底线，这是很令人赞叹的。

话说回来，如果真的开始收费，那么以前还有所顾虑的人就会大大方方地叫救护车，所以也很难说收费了反而就不混乱了，总之在费用的设定上还是要慎重考虑。

教育的"机会不平等"

考上偏差值高的大学的学生，其家长往往经济比较宽裕。

要实现"机会平等"就必须有公平的
入学考试

我们之所以努力学习、认真工作，是因为我们认定这么做并且取得成果的话，是一定会有回报的。**如果这个社会变得让人明明有能力却得不到学习和工作的机会，那么大家就会失去干劲，经济就无从发展。**

---

① 日本的偏差值是统计考生分数，并建立正态分布，进行相应计算得出的结果，可以体现考生在所有考生中所处的位置。偏差值可以看作一种排名。——编者注

如果有的人起步得早，而有的人却很晚才开始的话，这就构不成公平竞争。大家都在同一起跑线上开始竞争，这样的机制才是"机会平等"。

当然，受教育的机会也应该平等地赋予每个人。

然而在现实当中，如果大学有入学名额限定，那么高人气大学就无法容纳所有想要入学的学生。这个时候，尽可能地公平选拔入学者就很重要。

不过这里有个问题。经了解发现，考入高偏差值、高人气的大学的考生，其家长大都在经济上比较富裕。比如，东京大学学生家长的平均收入不仅是国立大学当中最高的，而且超过了几乎所有的私立大学。通常情况下，公立大学比私立大学的学费便宜，所以有钱人家的考生可以以较低的学费接受大学教育。

问题难以消除

为什么会变成这样呢？第一个原因是家长有钱，可以让孩子去私立的备考机构，为孩子请家教，让孩子参

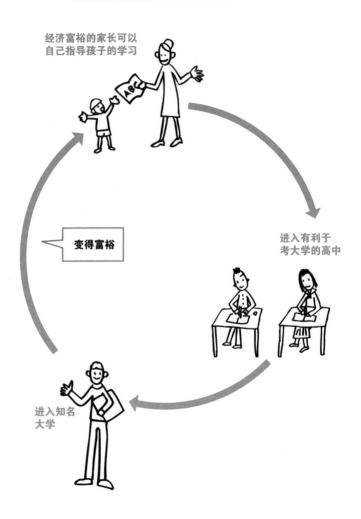

即使法律禁止补习班和家教

经济富裕的家长可以
自己指导孩子的学习

变得富裕

进入有利于
考大学的高中

进入知名
大学

加补习班和预备班等，总之，可以为孩子提供有利于考大学的各种条件。但是穷人家里没法在教育上投入那么多钱，这就是机会的不平等。

然而，这个问题很难消除。假设一下，法律禁止补习班、预备班以及家教（虽然现实当中这样的政策是不可能推行的，此处仅在脑海中假设而已）。

但是法律无法禁止家长在家里督促子女的学习。

通常情况下，经济富裕的家长相对接受高等教育的也比较多，能够相对恰当地指导孩子的学习。

真正对补习班和家教被禁止感到困扰的是这样一些家长，他们"自身没多少学识，无法顺利地指导孩子，但是可以从微薄的收入中挤出点儿钱，让孩子上补习班和请家教来指导自己的孩子"。所以，这样的禁令很可能起到反效果。

在美国，不少地方都导入了积极平权措施（Affirmative Action），非裔以及亚裔的子女在一定范围内可以优先被大学录取。这也是一个解决方案，但是欧裔美籍人士当中也有贫穷家庭，所以这个措施一直被诟病是反向歧视。

　　教育是国家百年大计，教育机会应该尽可能做到平等，但是实现起来是相当困难的。

为什么会有利率

利率不会因为被人讨厌而消失，因为经济没有利率会停摆。

钱的"租赁费"

自古以来，放贷都是容易被人讨厌的职业。因为大家认为贷款还被额外收钱（利息）是不合理的。

有个词叫作"不劳而获"。人们觉得额头流汗、辛苦劳作得来的钱是珍贵的，而只是把自己手头的钱贷给别人，不用劳动就能赚钱（利息）则是有悖伦理的。

如果拿利息的做法不可取，那么大可让这种做法从世界上消失，为什么它还存在呢？

答案很简单，因为经济没有利率就会停摆。

有各种方法来解释利率存在的原因，把它当成钱的

"租赁费"就容易理解得多了。在音像店租DVD的时候要支付租赁费，租车的时候也一样。这就像是借钱的时候，也同样要支付租赁费。如果是个人之间的一点小钱，那另当别论，但是没有人会在对自己没有好处的情况下把钱借给别人，而即使付利息也要贷款的大有人在。

无息借贷当中，几乎不存在供给的问题，而有息借贷则是有需求、有供给，所以必须有利率的存在。

利率的高低由供需关系决定

多少利率才合适，这是由贷方和借方的供需关系决定的。

信用良好的个人和企业认真还贷的可能性高，所以有很多贷方。"利率低一些也没关系，从我们这里贷款吧"，所以说，有信用，就可以低息贷款。

反过来说，谁都不想贷款给信用欠佳的个人和企业，对方反而会来恳求，"利率高一些也没关系，请借点儿钱给我吧"，最终肯定是以高息收场。

利率的高低也由供需决定

面对有信用的个人和企业，会有很多贷方愿意以低息贷款给他们；
而贷方不愿意给没有信用的个人和企业放贷，此时利率会提高。

现在的日本在法律上对利率设有上限。也就是说，过高的利率是违法的。

以经济原则来说，无论利率再怎么高，只要是借方和贷方经过合意、依供需关系而决定的，那就无话可说。但是，如果是以超乎常识的高利率签订的贷款契约，那么借方此时很有可能无法进行正常判断。被钱逼上绝路的人只会想着走一步算一步，他们会错以为即使利率超高，自己也能还上。从这个角度来说，利率设置上限还是有其合理意义的。

要注意的是，实际上存在即使高于法定标准也依然有需求的情况（即便那是借方的错觉）。不过，对于这种借方，合法经营的放贷者是不会予以贷款的。趁机钻空子的是违法的放贷者。**只要不全面取缔违法放贷者，就无法杜绝借款酿成的悲剧。**

金融就是融通资金

从盈余的地方流通到欠缺的地方，融通资金就是金融。其核心机构是银行。

汇集多余资金并放贷出去

所谓金融，字面意思就是把资金融通到欠缺资金的地方。家庭、企业、政府是一个国家的经济主体，资金在三者之间流通，由此构成经济。

但是，资金并不总能在必要的时候流通到需要它的地方。

不如说，更多的情况是这边涝来那边旱。**从中介于两者之间，把资金从盈余的地方引至欠缺的地方，这个行为叫作金融。**承担金融行为的组织叫作金融机构。金融机构包括证券公司和保险公司，其核心是银行。银行从家庭和企业中广泛汇集存款，把它放贷给资金不足的家庭和企业。

无论是家庭还是企业，很难在不贷款的情况下，仅用手头所有的钱去解决所需要的资金。比如家里要买房，要等到辛苦劳作几十年攒够了钱再去买，应该没有多少人会这样做吧。

同样地，企业要扩大生产、增设厂房，如果不贷款，就要干等好多年，如此一来就会白白错失商业良机。

通货因金融行为而增加

假设 A 在 X 银行存有 100 万日元。

银行把其中的 90 万日元贷给 B，B 用这笔贷款买了车。B 向买车的经销商支付了 90 万日元。经销商把这 90 万日元存在其开户的 Y 银行。

此时，以最初 A 的 100 万日元存款为起点，共有 190 万日元被存入银行（X 银行和 Y 银行）。而且，Y 银行可以把这 90 万日元作为本金，再贷给其他人，这样的话，

资金流通于三大经济主体之间

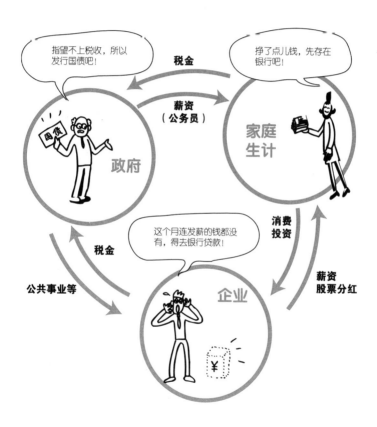

指望不上税收，所以发行国债吧！

挣了点儿钱，先存在银行吧！

税金

薪资（公务员）

政府

家庭生计

消费投资

这个月连发薪的钱都没有，得去银行贷款！

税金

公共事业等

企业

薪资股票分红

存款金额的合计就有可能进一步增加。

像这样的，流通于市场的通货因为银行的金融行为而增加的情况，叫作"信用创造"。信用创造活跃进行的时候就是经济好的时候。

银行放贷出去的时候会严格审查贷款者的还款能力。通常情况下，即使是以5 000万日元的土地做担保向银行借款，也只能借到比5 000万日元少很多的金额。因为土地也有可能会贬值。

不过，在泡沫经济的时候，地价飞升，银行也按捺不住了，考虑到未来的增值，向5 000万日元的土地放行了6 000万日元的贷款。所以泡沫经济崩溃之后，贷款无法追回的银行被不良债权的大山压得喘不过气。也因此，许多大银行要么暂时被国有化，要么不得不被合并。

银行在经营困难的时候，往往不太放贷，所以整个经济也开始下行。因此必须让银行持续开展严谨稳固的经营。

长期持续通货紧缩的危险

通货紧缩时，企业经营难以为继，开始裁员，失业者由此增加。

通货紧缩不动声色地"蚕食"经济

物价全面上升的状态叫作通货膨胀，下降的状态则叫作通货紧缩。上了年纪的日本人应该都还记得二战失败后以及石油危机时的通货膨胀。20世纪80年代后半期的泡沫经济之时，土地和股价等都急速升值，但是普通商品的价格并没有什么变化。从泡沫经济崩溃后的20世纪90年代后半期到现在，日本基本上呈现出通货紧缩的倾向。

通货膨胀和通货紧缩，哪个对经济更好？很多经历过通货膨胀的人都认为"下次就免了"。的确，眼看着商品价格不断上升，而存款的价值却一跌再跌，大家都处在对未来的不安之中。与此相比，不少人好像认为，通货紧缩时"物价会下降，所以这不挺好吗"。然而，正如"通货膨胀是明朗的恶魔，通货紧缩是阴暗的恶魔"所说的，通货紧缩看上去不显山不露水，其实会不动声色地"蚕食"经济。

经济恶性循环

通常情况下，即使遇到通货紧缩，劳动者的薪资也不会马上就降低。

原因是，劳动者会抵抗降薪，而经营者往往也对其招架不住。物价下跌，但是薪资不减，这实际上是薪资的变相上升，所以很多劳动者最初都觉得这样挺好。

但是，大多数企业都是从银行贷款来运营的，没法让银行因为通货紧缩就轻易下调这部分的利率。企业持有的土地的价值也会因为通货紧缩而逐渐减少。

明明是企业自身产品的价格在下降，但是无论薪资

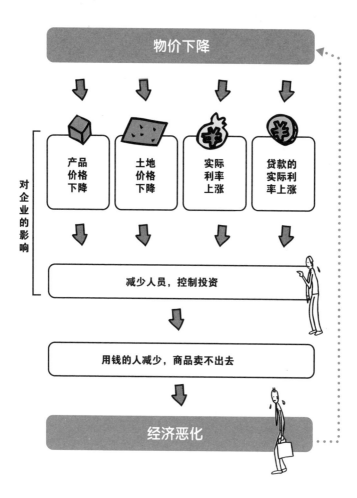

通货紧缩引发的恶性循环

物价下降

对企业的影响

| 产品价格下降 | 土地价格下降 | 实际利率上涨 | 贷款的实际利率上涨 |

减少人员，控制投资

用钱的人减少，商品卖不出去

经济恶化

还是贷款利率都不降，这会让其经营愈发困难。最终，企业只能通过各种方法减少人员，即开始裁员，控制对新员工的招聘等。其结果便是失业率上升。

思考利率这个问题的时候，应该想的是实际利率而不是名义利率。

名义利率即所显示出来的利率。如果银行的大厅显示存款利息是年利率3%，或者说借款凭证上写着利率5%，那个就是名义利率。实际利率是从名义利率中减去通货膨胀率（物价上涨率）之后的利率。

即使存款利率有3%，但是通货膨胀率达到2%的话，实际利率就只有1%。

哪怕名义利率很低，但是受通货紧缩影响物价下降的话，实际利率会升高。所以从银行贷款的企业才想着要尽可能还款。其结果就是，没有钱用来提高经济活跃度，比如建工厂、开发新品等。

失业率上升，也没有投资的话，用钱的人就会变少，经济只会越来越差。所以，必须想尽办法来赶走通货紧缩这个"阴暗的恶魔"。

最低工资上涨导致失业率上升

"最低工资越高越好"的想法太简单了。

最低工资上涨导致失业率上升的原因

在日本，根据法律规定，几乎各都道府县都有既定的"最低工资"。企业雇佣必须支付等于或高于最低工资的酬劳，否则就是违法。

2017年度的最低工资以东京都为最高，达到时薪958日元。比较低的是东北和九州等地区的几个县，时薪不到740日元。日本全国的加权平均时薪是848日元。

出于一种单纯的直觉，或许有人觉得最低工资越高，劳动者越赚。他们认为，工资低是小气的老板舍不得付钱造成的，如果能提高最低工资，劳动者的收入就会增加，经济也能随之好转。令人遗憾的是，事情并非如此简单。

通常来说，谁都能干的简单工作是低薪的。

或许也有老板小气的问题在里面，但是从这项工作的工序关系来说，事实只能如此。

假设某家公司有一项工作，时薪800日元的时候还付得起，但是时薪900日元的时候就会产生赤字。在最低时薪800日元的标准下，老板会招募新人，但是如果最低时薪是900日元的话，应该就不会再想着招新人了。最低时薪越高，则"这种工作只能付到这么多"的工作就会越多。因此，就会造成整个社会的失业率上升。

当然，维持生活所必需的最低限收入是有标准的，即使提高最低时薪也未必就能达成。此时需要考虑"生活保护"[①]等其他措施。

难解雇时，雇佣减少

与之相似的问题是，为保护劳动者，法律对劳动者

---

① 也被称为最低生活保障制度，是日本国家和地方各级政府基于《生活保护法》，以生活困难者为对象而建立的援助制度。

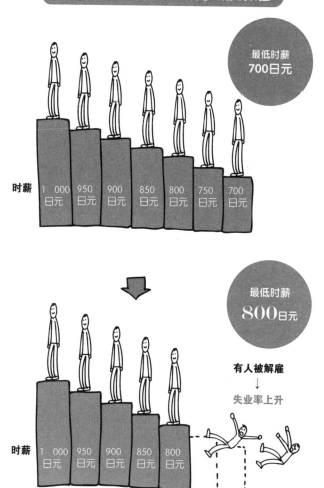

最低时薪上调，就会有人被解雇

最低时薪
700日元

时薪 1 000日元 | 950日元 | 900日元 | 850日元 | 800日元 | 750日元 | 700日元

最低时薪
800日元

有人被解雇
↓
失业率上升

时薪 1 000日元 | 950日元 | 900日元 | 850日元 | 800日元

的解雇条件进行了严格规定，只要不是天大的事就不能轻易解雇劳动者，或许这是出于如下考量，即这样做的话失业者就会减少。其实，这也是不对的。

企业既有业绩好的时候，也有不尽如人意的时候。

业绩好的时候，企业就想再多雇些人、多赚点。但是，一旦出现状况，业绩恶化的时候，企业就该犯难了。因为即使没有业绩，还得继续给员工发薪。所以，一旦劳动者的解雇条件变得严苛，即使是企业业绩好、有余力增加劳动者的时候，老板也不会想要新招员工。此时已经有工作的劳动者会觉得没问题，但是景气好转、想要发展经济的时候，却不招人进来的话，这就等于遏制住了景气面的扩张，最重要的是对于即将走入社会开始工作的劳动者来说，工作机会变少了。

实际上，在法国，正式的劳动者的权利非常大，老板没法轻易招新。受此影响的恰恰是年轻人。所以法国的年轻人失业率非常高，已经成为严峻的社会问题。

确保竞争是政府的职责

完全自由放任会催生垄断和寡头，让消费者蒙受损失。

缺乏竞争的话，价格会上涨

企业都希望自家的商品卖个高价。但是无法轻易实现，就是因为存在竞争的缘故。如果只有自家标出高价，其他企业都卖得便宜的话，自家商品岂不是完全卖不出去了吗？

但是反过来说，**还有一种情况，如果该商品没有竞争对手，哪怕稍微贵点儿，消费者也是会买的（不得不买）**。

生产该商品的企业仅有一家的状态叫作"垄断"。一旦垄断，就可以相当自由地定价，但是也有限度。

比如，某个国家的铁路公司只有一家，它的票价定得很高。而公交、出租车以及航空公司却因为存在竞争而票价便宜，如此一来，乘客会选择后者，原本的预设自然不会实现。

垄断和寡头会损害消费者利益

一个市场上只有一家企业的情况叫作"垄断"，虽然不是一家，但是企业数量极少的情况叫作"寡头"。企业数量多的时候，大家会全力以赴地竞争；企业数量少的时候，则价格相互比肩，最终保持高位。从企业经营者的角度来说，"刀光剑影"的竞争让人丝毫不得懈怠，非常累人，如果能轻松赚钱，自然是求之不得。

企业数量少的话，各个公司之间会相互暗示放弃价格竞争，以比肩的价格销售，这样也容易操作。一旦通过明示，缔结价格协定，则构成"垄断联盟"，违反了垄断法的规定。如此一来会被政府机关（在日本，有专门的公平交易委员会）盯上，垄断联盟也知道文件资料等容易留下证据，所以不太会逾矩。妙就妙在它们会心照

企业没有竞争的话，消费者就会蒙受损失

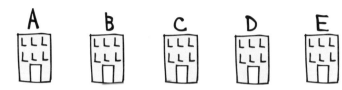

销售同一种产品的A~E公司

别搞激烈竞争了，
大家都以同一价格卖吧！
＝

垄断联盟

700

不能搞垄断联盟

500

600

600

550

公平交易委员会

政府必须清除不正当的价格操纵等妨碍竞争的因素。

不宣地这样做。看看自己的身边，所有企业都以相同价格在卖的商品和服务居然还挺多。

在大型家电量贩店，标签价格并不那么便宜，但是会有追加的标注，"如果有其他以更低价在卖的店铺，那么本店将降价至相同价格"。乍看上去是大家都竞争心满满，但其实当中就隐藏着给对方的暗语。"我们不会主动挑起价格竞争。但是如果你们要搞价格竞争，那我们就奉陪到底。所以大家彼此之间的价格竞争就点到为止吧"，是这个意思。

经济学的法则是人的利己心和竞争能带来资源的有效分配，完全自由放任是无法轻易实现的。用以消除妨碍竞争的因素的法律规章制度以及政府的介入是必不可少的。

政府的管制妨碍竞争

应该消除那些妨碍竞争的管制，但是适当的社会性管制还是必要的。

管制和管制缓和

在上一节，我曾提到政府的职责是清除垄断和寡头，并确保竞争。但是，政府施行的对妨碍竞争行为的管制并不在少数，或者说这种情况更多一些。

管制之一便是进入管制。

比如日本酒类的销售采用的是许可制，以前从无到有取得这个许可的难度很大。要参照"距离标准"和"人口标准"，要与现有的酒商保持一定的距离，还要有一定的人口数量。

如今日本几乎所有的便利店都在卖酒，要知道以前可是有卖酒的店铺和不卖酒的店铺之分的。原本持有酒类销售许可的酒商改做便利店生意的话，自然是可以直接卖酒，但是这种情况之外的就不能卖酒。

对进入管制感到庆幸的，是那些在竞争中不用努力就能卖出酒的既有酒商；而觉得犯难的，则是那些想要进入的新酒商以及被迫接受高价和不便利的消费者。这种管制逐渐缓和（虽然对既有酒商有些残忍），从社会的角度来说是好事。

施以管制也会让政治家和官僚尝到甜头。日本在原则上是禁止赌博的，但是赛马、竞轮等公营赌博项目却大行其道，彼此互让互利，貌似做得风生水起。

日本很早以前就普及了"管制缓和"这个词的使用，然而这个表达本身存在问题。只要依然还是缓和，那就是"虽然缓解下来了，但是不会消失"的意思。英语通常使用的是"deregulation"这个词，但这是管制撤销、管制解除的意思，是彻底消除的意思。

这让人不得不觉得，政府在大力推动管制缓和的时候，其中也包含了对自己的权益不愿放手的意思。

政府管制的优缺点

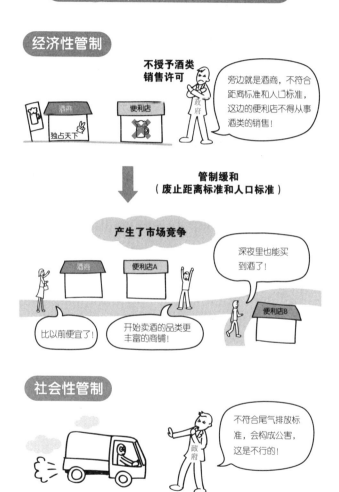

经济性管制

不授予酒类销售许可

酒商
独占天下

便利店

政府

旁边就是酒商，不符合距离标准和人口标准，这边的便利店不得从事酒类的销售！

管制缓和（废止距离标准和人口标准）

产生了市场竞争

酒商

便利店A

深夜里也能买到酒了！

便利店B

比以前便宜了！

开始卖酒的品类更丰富的商铺！

社会性管制

政府

不符合尾气排放标准，会构成公害，这是不行的！

需要社会性管制

政府的官方管制包括经济性管制和社会性管制。以上所述的进入管制和价格管控等都属于经济性管制。社会性管制的目的是保障国民安全和保护环境，汽车尾气的排放管制便是其中一例。

以前，曾经发生过德国车商通过非法软件篡改汽车内燃机排气量的事件。因为企业有可能会为了自身利益而危害社会，所以才需要政府发挥作用，切实做好社会性管制。

电力自由化会怎么样

电力垄断导致了核电的推进。那么自由化的好处和风险又是什么呢？

为什么核电会被推进

东京电力公司福岛第一核电站的事故导致了惨重的灾难。

许多周边地区的居民至今无法回家，在外过着艰难的生活。很多人因为这件事而再次质疑："日本国土面积狭小，地震海啸频发，为何要建设这么多的核电站？"

电力公司在反复解释说，"因为与火电、水电相比，核电的成本更低一些"，但是之前早就出现了诸如"加上核废弃物的处理费，成本岂不是更高"或者"一旦出现重大事故，将引起难以计量的损害"等这一类的批判。但是，为什么要无视这些批判，一意孤行地推进核电呢？

很多时候，经济学的思维可以帮助人们理解世事变化，其中特别有效的就是让人们去想"谁通过这件事获益"。 电力公司强力推进核电，无非是因为暴利。

日本允许激进型地区垄断。既然没有竞争，也没有电力的替代品，自然可以把电费设定得高一些。

日本的电费采用"公正报酬率规制方式"，在发电、送电成本的基础上，以一定的比率计入利润，从而设定可以回收其总额的费用。如果是在市场上展开竞争的企业，往往都会尽可能地缩减成本，而在公正报酬率规制方式之下，越是增加成本，利润就越大。

所以，需要巨大成本用以建设的核电站对电力公司来说正中下怀。如果它们是在市场竞争中正当获利，这无可厚非，但是借垄断之机牟取暴利，就另当别论了。

让新进入和电费实现自由化

近年来，日本的电力终于迈开了自由化的步伐。虽

核电站建得越多，利润越多

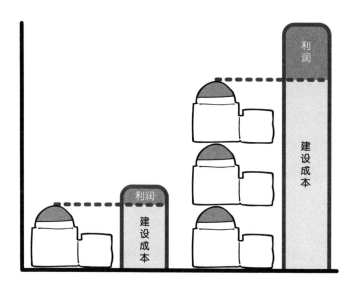

电力公司可以在发电、送电成本的基础上，将电费以一定的
比率计入利润，从而设定可以回收其总额的费用。

然此前已经逐渐推动大量用电者的电力消费自由化，但是终于在2016年4月，电力零售业实现了全面自由化。包括家庭和商铺在内的所有消费者都可以自由选择电力公司和电费套餐。

只想在生活中使用太阳能、风能、水力、地热等可再生电力的人，只要有这样的卖方，就可以直接从此处买电。在自己家中和庭院中安装了太阳能电板，发电量用不完，多出来了，想卖给别人的话，也是可以的（只不过要作为电力零售商，提前进行登记）。

零售中的公正报酬率规制方式在原则上已经被废止，所以今后通过价格竞争，电费是有可能下降的。但是就现状来说，新进入者的市场份额不会出现急速增长。

全面自由化推行1年后的2017年3月底，据统计，日本全国仅有4.7%的家庭把电力合同更换为新电力，即使是比率较高的东京也不过是停留在7.1%而已。真希望竞争还能再得到进一步促进。

什么是虚拟货币

虽然这是个便利的系统，但还是要考虑风险。

虚拟货币是无形的钱

虚拟货币这个词出现在经济新闻中的情况有增无减，可是话说回来，虚拟货币和普通的钱究竟有何不同？

最大的区别在于，普通的钱（法定货币）是纸币和硬币等有形的钱，眼可见手可触，**而虚拟货币是作为电脑数据而存在的，是无形的钱。**

如果是有形货币，比如你的钱包里有10日元硬币，大家看到后都会承认这是你的钱。但如果是电脑中的数据，即虚拟货币的话，就需要用方法来让大家看到，知道这是谁的钱，还需要采取安全保障措施，让其无法被复制或伪造。

虚拟货币的种类很多，拿普及度最广的比特币来说，其关键是区块链这种高度的密码技术。所有的比特币交易都会被记录在全球的诸多电脑当中。哪怕有人操纵了自己电脑的数据企图伪造，也会因为与其他电脑的记录不符而无法进行。

明明就有法定货币，结果却还要导入虚拟货币，原因是它比法定货币更有优势。

假设你要给住在远方的朋友汇点金额不大的钱。无论是现金挂号的邮寄方式还是银行账户的直接汇款，都要费工夫和手续费。给海外汇款的话，就更不用说了。

但是，如果你们都持有同一虚拟货币的账户，就可以通过电脑和手机，把钱轻松汇到世界上任何一个地方。再比如一群人聚餐后要AA制买单，如果用现金，但是手头没零钱的话，就不能精确计算和付钱。这个时候也可以使用虚拟货币，烦琐的换钱计算等分分钟搞定。最近，在这种趋势之下，日本有些店铺也开始接受使用虚拟货币的支付。

在日本购买虚拟货币，需要去交易所开户然后再买入。交易所有很多，日本的交易所都采用向金融厅登记的备案制

虚拟货币好处多

因为无形，所以没有汇款手续费!

聚餐费的均摊等烦琐的钱财往来都可以轻松搞定!

但风险也很大

金融机构

存在因为安全保护不得力而被盗的可能性。或者，基于**虚拟货币已成为投机交易商品**的现状来说，平时使用的话还是不太合适。

度，所以要选择那些确有备案且信赖度高的交易所。

风险依然很大

最近，日本的虚拟货币交易急速增加，据说全球虚拟货币交易的一半都在日本。这并不是说大家将其用于汇款或者支付了，而是因为涌入了大量投机者，他们想要像股票那样通过市场波动来大赚一笔。运营交易所的业者也良莠不齐，2018年1月，某业者因为安防的薄弱而被盯上，最终导致顾客存入的580亿日元虚拟货币被盗后非法流传，在当时引起了很大的骚动。

一旦变成投机交易商品，价格就会剧烈波动，难以在日常汇款和购物中使用。今后或许会出台相关法律制度，提高其便利性和稳定性，但是目前还不好说。而且，如果通过银行汇款的传统做法既安全又方便的话，虚拟货币就失去了它的一大优势。

以目前的状况要尝试虚拟货币的话，还应该考虑风险。

欧盟经济的问题在哪儿

欧洲曾经引领世界经济，却因为经历过两次世界大战而出现地盘下沉。1952年，德国、法国等6个国家结成欧洲煤钢共同体（ECSC）。此后不断扩建地下道路，1993年则在"同一个欧洲"的呼声中结成欧盟（EU）。原则上，在加盟国之间的人员移动和商务交易是自由的。

加盟国现有27个国家，它们形成了一个巨大的经济圈。作为经济统合的象征被导入的，就是欧盟的通用货币——欧元。废除本国货币，以欧元为法定货币的国家有19个。

但是，欧盟的发展绝不是一帆风顺的。

欧元国家中，既有德国等经济强国，也有希腊、葡萄牙、芬兰等经济弱国。特别是希腊的债务危机直接威胁到欧元圈各个国家的经济。

希腊政府一方面大方支出公共事业费用和公务员工资，另一方面又顾及国民的抵制而回避增税。其隐瞒巨额赤字，最终得不偿失。虽然税收的不足部分通过发行国债来填补了，但是几度陷入无法偿还国债（无法还贷款）的欠债不还（债务不履行）危机当中。

欧元圈外的国家，基本上都保留着货币发行权。后文会讲道，只要是以本国货币发行国债，那么债务不履行的危险就比较少。但是，希腊因为加入欧元圈而丧失了货币发行权，无法根据本国的情况决定货币的发行量和利率等，所以只能想出减少政府支出和增税之类的对策。但这对于国民来说，无疑是迎头痛击。

经济发展良好的欧盟各国也受到连累。

持有希腊国债的海外金融机构和个人蒙受了重大损失。特别是在欧洲，有不少大银行都大量购买了希腊国债。要知道，大银行经营遇阻的时候，该国的经济也往往会陷入危机。

在这个世界上，虽然只有希腊被批判得体无完肤，但既然是贷款，贷方也有责任。

德国虽然经济搞得好，却反过来要被财政管理散漫的希腊索赔，自然是非常窝火，但是给希腊各种兜售、放贷的责任是推卸不掉的。

欧盟内部的矛盾不限于此。2016年6月，英国就是否赞成脱欧一事进行全民投票。结果是支持脱欧的票数勉强过半。这就是所谓的"Brexit"（英国退出欧盟）。按照投票结果，英国政府于2017年3月正式宣布脱离欧盟。然而，与欧盟之间围绕脱欧的交涉却持续了两年之久。

支持脱欧的投票人表达了自身的不满，自己交纳的税金被吸收到经济弱国，经济弱国的人大量涌入导致社会保障等支出陡增。与此相对地，投反对票的人则认为，应该重视拥护难民人权和移民劳工对激活经济的作用。

不仅英国，其他国家对欧盟官僚制的抵触也很强烈。掌管欧盟政策的官员总是会颁布令人费解的管制办法。

比如，从2014年9月起，为削减二氧化碳量的排放，欧盟禁止销售耗电量在1 600瓦以上的强力吸尘器。

结果就造成了这样的后果——大家在管制生效之前蜂拥而上，去购买强力吸尘器。

　　用电问题本身就应该综合考量。长时间使用低效能吸尘器的话，可能反而会消耗更多电量。不仅如此，在欧盟销售的蔬菜，其形状和规格也曾在一定时期内受到严格的管控。可以说，欧盟的理念很崇高，现实却很残酷。

给年轻人的经济启蒙

第**3**章

政治和经济的关系

思考一下政治对经济的作用以及我们对政治的需求等内容。

政府能让经济好转吗

家庭和企业不用钱的时候，政府推动经济要靠财政政策和金融政策。

政府代替家庭和企业来用钱

家庭和企业大搞谋生活动时经济繁荣，反之则萧条。家庭和企业是否会大力开展各项经济活动，取决于它们对将来的预判是乐观还是悲观。

企业只要认为"接下来产品应该会大卖"，就会不惜贷款也要筹措资金，增加人手、扩大生产。家庭如果认为"自己现在的工作以后也会稳定，收入会逐渐增加"，就会增加消费。如此一来，经济自然会越来越好。

反之，如果对将来持悲观的态度，那么企业就不会增产，而且会偿还贷款、裁减人员，以缩减成本。家庭成员也将对自己不知道何时会失业而充满危机感，一旦意识到收入无法增加，自然就会节衣缩食。这样的话，经济就会恶化。

此时，政府要通过财政政策和金融政策来推动经济。

财政政策是指，政府代替不用钱的家庭和企业来运用金钱，让经济好转。政府发行国债、筹措资金搞公共事业的话，与此相关的企业和家庭就会有收入。有收入的企业和个人就会增加消费，金钱向其他企业和个人的流通也将随之增加。而且，通过公共事业加强社会基础建设的话，企业和家庭也会更容易地开展各项活动，最终还是会激活经济。

承担金融政策的是各国的中央银行，拿日本来说则是日本银行（简称"日银"）。**日银从民间银行购入日本国债，民间银行会因此而拥有大量资金，从而愿意压低贷款利率，积极放贷**。

利率下降时，企业会增加从银行的贷款，更容易开展设备投资等，个人也能通过从银行贷款而更容易地买房买车。这样的结果就是经济上行。

政府通过财政政策和金融政策推动经济

财政政策 政府代替不用钱的家庭和企业来运用金钱。

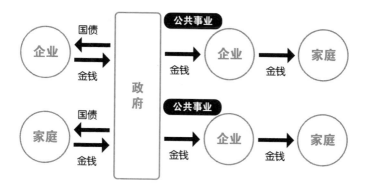

金融政策 中央银行下调利率后，银行和企业更容易贷款。

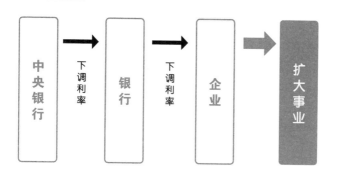

对其效果众说纷纭

那么，财政政策和金融政策效果究竟如何，经济学家在这一点上各持己见。甚至有学者认为财政政策是完全无效的。

假设政府发行了国债准备开展公共事业。那么，政府为什么不通过增税，而是通过国债来筹措资金呢？因为经济不好的时候还继续增税的做法会导致经济的进一步恶化。而国债是政府贷的款，是到了时候就必须偿还（还款）的。偿还的资金可以用税金来填补。也就是说，将来的某个时候还是会增税。而国民是知道这一点的，因此会顾及将来的增税而克制消费，把钱存起来。所以，该类学者才会认为通过发行国债来搞公共事业是没有任何效果的。

到头来又归结到人生观上面。

假如人人都理性高效，可以预判将来的一切，那么政府的政策就很难奏效。但恰恰因为国民看不到那么远的将来，所以才要通过政府的杠杆来推动经济。

诺贝尔经济学奖得主提倡的"助推"

政府等机构要对国民稍加引导，让国民的生活可以变得更加丰足。

"助推"帮助国民更加富裕

2017年诺贝尔经济学奖的得主是芝加哥大学的理查德·塞勒教授。塞勒教授提倡的是"助推"这个概念。**助推，可以理解为把其他人的决策往自己期望的方向加以引导。**

主流派的经济学假设人都有理性，所以他们认为政府没有必要对国民的行为指手画脚，这反而是有害的。而实际上，人常常是不理性的。不小心就吃多了导致减肥失败，喝多了导致宿醉，玩过头了导致考试失利，少壮不存钱老后徒伤悲，等等。应该不少人都觉得自己被说中了吧。

当然，谁都想尽可能地不要让自己后悔，但是光靠自己是很难做到的。即便如此，也不能让政府直接介入国民生活，这不是民主国家的做派，国民也会起来反抗。这个时候，需要的就是政府等机构的助推，稍加引导，让国民过上更丰足的生活。

比如，塞勒教授在美国推动了"为明天多存钱"计划。让那些用光工资、存不下钱的"月光族"可以把每月的部分工资自动地转为定期存款，并且还不能轻易地取出来。

说到这里都还是大家常听闻的内容，但是这个计划更加缜密。

年轻人薪资少，无法拿出大笔钱来定存，所以容易把定存金额设定得偏低。随着工作经验的累积，工资增长以后，可以提高投入定期存款的比例。话虽如此，但人是很怕麻烦的，一旦决定好了就不想反复修改，因此很多都是延续着最初设定的那个较低的定存比例。

于是，这个计划就鼓励大家从最开始的阶段提前进

助推让国民更加富裕

助推

＝

引导他人的选择
走向更好的方向

人这种生物就是明知不好，

也还是会不小心就做出不合理的判断。

通过外界的引导选择正确的方向，

让国民的生活更加丰足。

行设定：工资较少的初级阶段可以把定存金额设定得少一些，但是随着工资的增长，可以逐渐提高定存的比例。

如此一来，随着工资的增长，定期存款也自然增加，老后的储蓄也会更殷实一些。更棒的是，那些怕麻烦的人完全不用事后随时修改契约，因为比例会自动调整。

民间企业同样适用

助推这个概念同样适用于民间企业。住酒店的时候，大家应该看到过这样的提示，"考虑到环境的负荷，当您不需要更换床单和毛巾时，请挂出这张提示牌"，而最终挂出牌子的人是很少的。于是，在美国就有了一项试验，他们调整提示牌的内容并记录结果，想要知道究竟什么样的提示语才是最有效的。

最后发现，"75%的住客都会积极配合"这句话的效果显著。更有效的是下一句，"入住本房间的客人当中，有75%的人都给予了积极的配合"。

对于住客来说，会对曾经住在同一房间的客人更有亲近感。比起不认识的陌生人，人们更有配合周围人的倾向，所以他们会选择挂出提示牌，因为"住在这个房间的客人都这样做了，那自己也这样做吧"。

"安倍经济学"有效果吗

日本前首相安倍晋三强调效果,但是国民真的感受到了吗?

"异次元的金融缓和"

2012年年底组建的第二次安倍内阁推出了被称为"安倍经济学"的经济政策,以激活日本经济。其核心是被叫作"三支箭"的三大政策。

第一支箭是"大胆的金融政策",让日银在金融缓和政策之下不断对外发钞。第二支箭是"灵活的财政政策",增加公共事业,让相关民间企业赚钱,同时加强社会基础设施建设。第三支箭是"促进民间投资的成长战略",通过缓和管制让民间企业和个人更容易发力。主要就是这三支箭相互配合,激活经济。

特别值得关注的是第一支箭——金融政策。日银在2013年提出"异次元的金融缓和"。让日元向市场汩汩流动，以期把通货紧缩状态下的日本拉回到年利率2%的通货膨胀状态。这其实是以通货膨胀率（物价上涨率）为目标的"通货膨胀目标"政策。

通货紧缩是指货币价值上涨导致大家不再购物的状态（详情参阅第25课）。

坐以待毙的话只能看着经济不断下行，所以第一支箭才要发起助推，通过大量供给日元来调低日元价值，让大家去消费。大致的做法是，**日银向民间银行购买大量国债，并因此向民间银行付款，于是民间银行可用的钱就会增加。**

泡沫经济崩溃后，日本多年来都在推行金融缓和政策，却始终未能克服通货紧缩问题。所以，有些经济学家认为金融政策没什么效果。相反，也有学者认为，正是因为金融缓和得不够，所以没能脱离通货紧缩，应该要更加大胆地推行金融缓和，这样才能拉回通货膨胀。所谓的"异次元的金融缓和"，正是基于后者而出台的政策。

日银的金融政策

"安倍经济学"的三支箭

第一支箭	第二支箭	第三支箭

金融缓和政策之下，日银不断对外发钞	增加公共事业，加强社会基础设施建设	缓和管制，让民间企业和个人更容易发力
大胆的金融政策	**灵活的财政政策**	**促进民间投资的成长战略**

**通过"异次元的金融缓和"
来解决通货紧缩问题**

"安倍经济学"有效果吗?

**GDP、股价的确都有上涨，但薪资没有变，
老百姓并未切实感到经济的好转**

日本政府需要出台更多政策，以促进民间企业的投资，扩大个人消费

通货膨胀目标并未达成

"安倍经济学"的效果如何呢？在首相官邸网站上，实际GDP（国内生产总值）、股价、有效招聘倍率等经济指标在整体上都有所上升，故而可以说是取得了成果（2018年2月）。

然而，国民并未那么强烈地感受到经济回升。虽然股价上涨、日元贬值、出口企业获利，但是薪资并非如期增长。以美元计算的话，日本的薪资是不增反减的。再有日本贸易振兴机构（JETRO）的资料也显示，在2007—2016年，日本的工厂劳动者的薪资换算成美元的话，减少了将近30%。

最初应该在2015年4月达成的2%通货膨胀率并未达成，目标期间延长。原本政府牵头的金融政策和财政政策应该要推动经济好转，**只有民营企业和个人的投资及消费活跃起来，经济才能回升。所以应该进一步加强引导，让国民乐观看待将来，让钱袋子动起来。**

公共事业有什么作用

公共事业的定义是用税金修建而不向使用者收费的设施。

用税金修建公共财产的是公共事业

经济学认为"家庭""企业""政府"是在这个社会上推动经济活动的主体。家庭通过劳动获得收入，购买财产（商品）和服务。企业调配资金雇用劳动者，生产商品和服务。而政府也会雇用劳动者（公务员）购买商品和服务，此外也会开展只有政府能进行的经济活动。这就是征收税金。可以说政府就是一种向国民收税并且用税的存在。

政府的官方立场是"为了大家"而征收并且使用税金。其中有两种用法，一是修建有形的"公共财产"，二是提供无形的"公共服务"。

通常来说，修建公共财产的部分叫作"公共事业"。

公共财产，基本上可以理解成具体的道路、桥梁、港湾、公园等让大家使用的商品，但是还应该更严密地来加以理解。

的确，公园是大家休憩的场所，属于公共性质的设施。但是大家休憩的场所并不只有公园，也有很多人前往东京迪士尼乐园等游乐场所寻找快乐。然而东京迪士尼乐园并不是公共设施。区别在于，东京迪士尼乐园是收费的。

如果存在这样的需求，即想去东京迪士尼乐园游玩，所以买门票也没关系，那么认为合算的企业就可以通过供给来满足需求。像这样在企业和家庭之间进行金钱交易的商品在经济学上叫作"私有财产"。

公共财产和公共服务不向使用者收费

相反地，不向消费者和使用者收取费用的商品是民

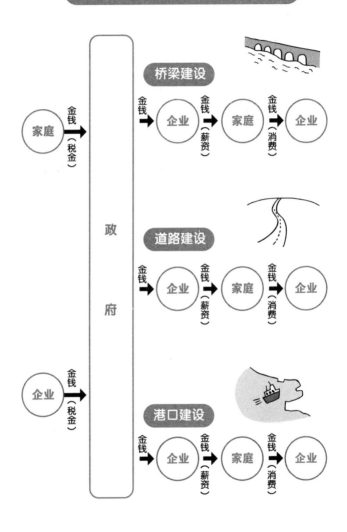

金钱通过公共事业在社会上流通

桥梁建设

家庭 → 金钱（税金） → 政府 → 金钱 → 企业 → 金钱（薪资） → 家庭 → 金钱（消费） → 企业

道路建设

金钱 → 企业 → 金钱（薪资） → 家庭 → 金钱（消费） → 企业

企业 → 金钱（税金） → 政府

港口建设

金钱 → 企业 → 金钱（薪资） → 家庭 → 金钱（消费） → 企业

给年轻人的经济启蒙

间企业无法供给的。

比如一般的道路就是如此。包括狭窄的巷道在内，不能向通行于所有这些道路的车辆和步行者收费（至少以现在的技术来说是不行的）。

所以，这部分不会通过企业以私有财产的形式来供给。可是没有道路是很不便利的，因此政府会以税金的名目向百姓征收费用，再将其作为公共财产供给大众。

公共服务也是同样的。比如，军队不能只把服务提供给那些会对服务买单的人。与其他国家发生战争，外国军队入侵本国时，本国军队肯定不能逐个地认定"这家付了钱，所以要保护他们；那家没有付钱，所以不用理会"。警察和消防也是如此。

经济学所讲的纯粹的公共财产和公共服务是指那些不能向使用者收费的，或者因为某个人在使用而其他人则无法使用的商品和服务。 比如日本的高速公路会向使用者收费，所以并不是严格意义上的公共财产。

财政赤字并非不好

政府赤字和国民盈余几乎是打平的，所以只要有效使用贷款就行。

只要还是以日元发行国债，就不会出现无法还款的情况

政府的支出（国家公务员的人工费、社会保障费、防卫费等）超过收入时出现财政赤字。不足的部分需要政府去贷款，其契据就是国债。

据日本财务省资料，2017年度末的日本政府贷款，即国债余额达到了约865兆日元，国民人均数额约688万日元（此外还有地方自治体的贷款）。

如此巨额的财政赤字应该问题很大吧？其实不能这么断言。从经济学上来说，赤字并非一定不好。

本身这就是政府的贷款，又不是你自己的贷款。

人们常用"国家贷款"这个说法，但是这相当于把国民和政府当成一回事，其实不是这样的。极端地说，如果你取得了外国国籍、移居国外，那就跟日木政府的贷款再无瓜葛。

政府财政赤字的第一个问题是政府有可能还不上自己借来的钱。历史上就有若干国家曾陷入无法偿还国债（债务不履行）的危机当中。但那是以外国货币发行国债时的情况，日本政府只要还坚持以日元发行国债，原则上是不可能陷入无法还款的危机当中的。政府可以随时对偿还国债需要的金额来进行增税。

如果增税不能顺利进行，那还有最后一个方法，大量印刷日元纸币，用以偿还国债，这也不是不可能。不过，其代价是，日元价值下跌，日本陷入通货膨胀的危机。

或许有人错以为政府债台高筑会让国家整体陷入贫穷。其实，如今购买国债的主要是日本人，国民的金融资产增加的也只有政府的贷款量那么多而已。

政府赤字和国民盈余相抵时，大致能够打平。

政府赤字和国民的关系

政府赤字（国债余额）不能
让国民背负。

国民的金融资产随着
政府债务的增加而增加。

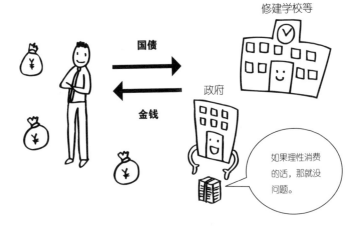

修建学校等

国债

金钱

政府

如果理性消费
的话，那就没
问题。

给年轻人的经济启蒙

有效使用贷款就行

第二个批判的是不同年代的人之间的负担分配问题。如果将来因为偿还国债而增税，那么现在的这代人贷款享受生活的账单岂不是要让下一代人来付钱？

这一代人挥霍贷款，没有给下一代留下一分一毫的话，那真的可能出现上述情况。但是，若能善用贷款，留给后代一个丰足舒适的社会，势必不会遭后人唾骂。

然而，说到这里都只不过是经济学的原则而已。日本政府究竟有没有把通过发行国债得来的钱都有效地用于日本的未来呢？哪怕是恭维都不能这么直说。有很多支出都只是日本政府为了博取人气而随意撒的钱，根本没有为今后考虑。想着先把今天过完再说，就不断地贷款，而去让下一代承担这个重负，实在是过于残忍。

应该接受消费税上涨吗

轻减税率可以缓解负担的增加，但也有棘手的问题。

被延期的消费税上涨

1989 年以 3% 税率导入的消费税在 1997 年上涨至 5%，随后在 2014 年上涨至 8%。原定要在 2015 年 10 月开始上涨至 10%，但是因经济发展欠佳，多次延期。之后，已从 2019 年 10 月起上涨。

为什么消费税会上涨呢？因为日本政府要改善财政赤字问题（正如第 36 课所提到的，财政赤字不是绝对的坏事，但也并非绝对的好事，基于这个理解我们来继续讨论）。

改善财政赤字最终是通过增税，而且消费税相比于所得税而言更难逃税，因此在税收征管方面具有优势。但是，**消费税上涨的话，消费者当然就会捂紧钱包减少购物，如此会对经济产生负面影响。**日本经济欠佳时很难增税，所以消费税税率上涨至10%这件事才一直被延期。

轻减税率能减少对低收入者的影响吗

围绕消费税税率上涨至10%这件事而受到关注的是轻减税率问题。原本消费税就在低收入人群的收入当中占比更大一些。因为高收入人群的收入中，仅有一小部分用于消费，然而低收入人群挣的钱，大多数都要用在消费上。

消费税上涨的同时还有个轻减税率政策，即降低生活必需品等的消费税税率，以减少其对低收入者的影响。实际上，不少国家都在生鲜食品等品类上降低了税率。

即便如此，仍然存在棘手的问题。有了轻减税率的对象商品和非对象商品的区分，就会让人有不公平感。比如，"生鲜食品适用的是轻减税率，加工食品则是正常

增税后的低收入者救济政策是什么?

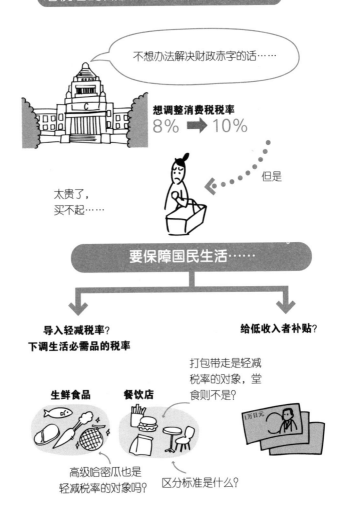

不想办法解决财政赤字的话……

想调整消费税税率
8% ➡ 10%

但是

太贵了,
买不起……

要保障国民生活……

导入轻减税率?
下调生活必需品的税率

给低收入者补贴?

打包带走是轻减
税率的对象,堂
食则不是?

生鲜食品　　**餐饮店**

高级哈密瓜也是
轻减税率的对象吗?

区分标准是什么?

税率"，如此一来，有钱人才会去买单价1万日元的高级哈密瓜就适用轻减税率，老百姓要买单价100日元的方便杯面则适用正常税率。这肯定是大家无法认同的呀。

而这个区分标准是由官僚和政治家所决定的，有人会向他们低头，请其将自家商品列入轻减税率的对象，对于官僚和政治家来说，这中间又是有油水可捞的。**倒不如干脆撤销轻减税率，向那些不堪消费税重负的低收入者另外发钱，反而来得简单。**

还有一点不容忽视的是，日本的消费税是没有发票的。所谓发票，就是店铺采购商品时附带的一张单据，上面写着消费税额。有发票的话，商店就很难逃税，政府征税时也能少费些工夫。

全球大都是消费税配有专门发票，然而日本并没有推行这种做法。即使不惮以恶意揣测也难免不让人联想到，这是为了对付那些想在消费税上逃税的业者。

个人编号制度可以防止逃税

先别说税率，能防止逃税就能增加相当数额的税收。

能让所有人都理解的税制是不存在的

理想的税制是什么样的？

大多数人都有这样的倾向，只要是让自己的纳税额尽量低的，那就是好的税制。要是照这么说的话，能让所有人都理解的税制估计无法实现。即便如此，还是应该建立尽可能公平的税制。日本有很多税种，需要由个人缴纳的就有所得税、继承税、消费税等。消费税率是固定的，同样的商品，无论是谁来买，都是同样的税金。而所得税和继承税是累计扣税，所得和继承额越多，税率就越高。

应该会有人觉得将这些税收保持在固定税率才算公平，但恐怕大多数人的想法是，有能力缴税的人就应该多缴。只是有一点，高收入者的所得税率如果过高的话，他们可能会移民去税率比较低的海外其他国家。因为已经有一些国家为了吸引这些有钱人移民，而压低税率。

日本的所得税最高税率曾经达到70%，在2015年的时候下调至45%（即便如此，也比几年前略高）。

防止逃税

基于公平的观点，该缴纳的税金却没有缴纳，这一点是不能忽略的。 对于在企业工作的人来说，基本上是没法"钻空子"的，因为企业会代替员工计算并缴纳税款，这是基于全世界罕见的所谓"源泉征收税制度"（日本企业按照其《所得税法》以及"源泉征收税制度"等规定，在向纳税人支付其所得时，以指定方法算出其应纳税额并代扣代缴）。而个体户等自营业者的话，日本税务署不一定就能够精确掌握他们的收入，所以应该有不少逃税问题。

2015年，日本开始推行个人编号制度。（日本政府在行政手续中对个人身份进行识别的制度。个人编号是12位数字号码，其对象是在日本国内拥有固定住址的所有居民。）该制度的作用很多，有望在防止逃税上施展功效。

比如举报个人所得税的逃税。公司向员工支付薪资的时候，会（作为源泉征收）代其缴纳与薪资相符的税金，并且向员工开具源泉征收票。从多家公司领取收入的人必须汇总后进行所得税的申报。申报所得税的时候，收入将被累计，从而必须支付比源泉征收时所缴税额更多的税款。所以就有人不去申报，想蒙混过去。

这就会构成逃税，是取缔的对象，但是税务署逐一核对源泉征收票，那也是相当庞大的作业量，所以它们一直以来都无暇应对这种现象。如今，源泉征收票上清清楚楚地写着个人编号，可以简单地进行核对。既能轻松发现逃税，还能大幅度削减征税成本。

对个人编号制度的批判声音不少，但其也有好处

个人编号制度（社会保障·纳税编号制度）

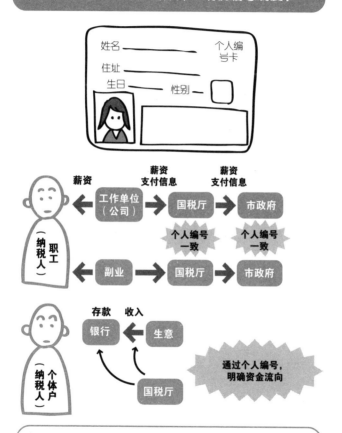

隐瞒收入的事被发现了！防止逃税。

也有舆论出于保护个人隐私的目的，认为个人编号制度存在着问题。但是**它可以改善正经纳税人为不纳税人买单的状况，这已经是很大的优点了。**

给年轻人的经济启蒙

贸易收支的真正含义

并不是说贸易赤字就赔，贸易黑字就赚。

喜欢贸易黑字的是以前的"重商主义"

就像人们讨厌财政赤字、喜欢财政黑字一样，很多人讨厌贸易赤字、喜欢贸易黑字。他们可能以为，自己国家的贸易持续黑字、资金保有量增加的话，国力就会随之增强。

但是，**认为贸易黑字和资金保有量可以显示国力的观点是"重商主义"，是主流派的经济学早已摒弃的思维方式。**

16世纪中期，西班牙消灭印加帝国，从中南美洲掠夺了大量资金，并且悉数搬回国内。后来发生了什么呢？通货膨胀（物价上涨）。商品和服务的供给虽然没有增加，但是货币（当时是金币）增加的话，出现的后果只会是通货膨胀和投机交易。

反而是当时一直被当作小国的英国，在此期间，鼓励加大生产力，不久后打败西班牙，扶摇直上成为世界的霸主。

所谓国富，指的并不是货币或黄金，是人们生产出来的商品和服务（当然，对人类而言，自然环境也是无可代替的珍宝）。

贸易赤字更能活跃经济

美国前总统特朗普一直认为对日本等国家的贸易赤字是个问题。他的目标好像是要把美国变成贸易黑字国。但是，作为经济政策目标来说，以贸易黑字为目标其实是欠妥的。下面就展开说明。贸易收支涉及的是汽车、面粉等财产（商品）的进出口，但是现在的话，应该是服务以及金融的国际贸易更活跃一些。所以很多时候

"黑字好、赤字不好"的认知太简单了

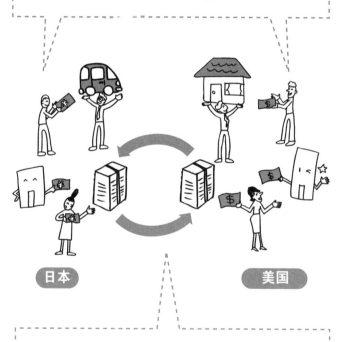

各个国家的个人和企业通过合理判断，或者购买商品，或者储蓄，大家都在进行金钱的交易。

日本

美国

偶然有其中的一部分跨越国境，计算这部分的时候发现结果是贸易赤字或者黑字，仅此而已。

会将这些都包括在内，以经常收支作为标准。因此，本书不局限于商品贸易，并将此概念扩大到经常收支这个层面上来进行说明。

前文（详情参阅第11课）已经提到，商品和服务的交易不要仅仅局限于国内，自由跨境交易才会让所有相关国家都获利。而自由交易（贸易）的结果就是，既有赤字的国家，也有黑字的国家。

国内需求旺盛到超出国内生产（供给）的国家会从国外大量进口，因此会出现赤字。相反地，需求比国内生产还少的国家就会黑字。可以这么说，需求旺盛的赤字国家的经济更加活跃。

如果一个国家想要让经常收支保持黑字，应该怎么做呢？简单来说，就是促进商品和服务的出口，限制进口。比如去国外旅行时，要在国外支付住宿费、餐费、买特产的钱。从经常收支这个角度来说，这与进口有着相同的效果。所以只要限制国民的出境旅行，经常收支就会走向黑字。你会想要住在那样的国家吗？当然，还有一点，世界各国的赤字和黑字相加结果为零。有黑字的国家，就必然有赤字的国家。如果以所有国家经常收支的黑字为目标出台一项经济政策，那么国家之间就会展开限制进口的竞争（全球的贸易和出境旅行者都全面减少），世界经济也将陷入严重停滞。只有世界各国都积极开展贸易，这个国家的经济才能活跃起来，所以没有必要担心结果会出现黑字还是赤字。事实上，自进入21世纪以来，美国和英国的经常收支一直都是赤字，但是两国均保持着较高的经济增长率。

在贸易收支和经常收支中使用黑字和赤字这样的用语，这本身就是招来误解的根源，还是不要用为好。

为什么产油国有钱也成不了发达国家

"中等收入国家陷阱"和"石油诅咒"让它们无法成为发达国家。

为何产油国无法成为发达国家

经济富足、生活水平高的国家叫作"发达国家"。

如今全球发达国家应该包括英国、德国等西欧国家，美洲大陆上的美国和加拿大，大洋洲的澳大利亚和新西兰，以及亚洲的日本等国家，但是这些国家并非从前就是发达国家。

中世纪时的欧洲、伊斯兰文化圈和中国在学问和技术上更胜一筹。即使是在欧洲，也不是英国称霸，而是由西班牙和葡萄牙掌握霸权。现在，资金和技术转移可以轻而易举地实现，因此如果半发达国家和发展中国家能够推动经济发展，它们迟早会加入发达国家的行列。

但现实是，在过去几十年间，发达国家并没有逐渐增加。其中是不是存在什么影响经济发展的原因呢？

产油国专有的特点阻碍发展

有一个叫作"中等收入国家陷阱"的现象。

虽然在国民平均收入达到1万美元之前，增长得很顺利，但是想要跨过1万美元这个坎的时候就开始失速，怎么也爬不上去（日本、新加坡、韩国例外）。

原本就有很多发展中国家走的是这个路线，它们以低廉的薪资为武器，通过出口来赚钱，从而努力成为中等收入国家。但是成为中等收入国家之后，薪资会随之上涨，原有的竞争力亦不复存在。所以，要进一步跻身发达国家之列，还需要技术的高度发展等其他步骤，能不能在此成功才是关键。

中东地区有些国家因石油产出而获得巨额利润。它们王室的富豪程度与日本有钱人完全不是同一重量级。但是，

产油国难以成为发达国家

通过出口石油，本国货币增值，难以培养其他出口产业。

利益和权力是不会交出去的!

权力者牢牢控制住石油相关的利益和权力，经济活动的自由度也低，所以经济增长的"嫩芽"早被掐掉了。

石油资源总有一天会枯竭，还是要趁现在赶紧跻身发达国家之列。

因为有很多钱，所以用这些钱来进行国家建设，但是要成为发达国家还有相当遥远的距离。这就是被称作"石油诅咒"的现象。

原因之一是通过出口石油导致本国货币增值，难以培育其他出口产业。

拥有权力者会紧握石油带来的利益和权力，经济活动的自由度也比较低，所以经济增长的"嫩芽"就这样被掐掉了。

而日本缺乏石油等地下资源，会不由得羡慕产油国等资源国家，但是国民认真工作才是通往发达国家的正道，日本做到了这一点。如果日本能开采出石油，那又会是一番什么样的景象呢？

日本该做什么来振兴农业

政府投入预算来保护农业，但是用错了方法。

日本的粮食自给率为什么这么低

正如"比较生产费"理论（详情参阅第11课）所述，自由贸易让各国可以把精力集中在各自擅长的领域，最终是让所有参与国都获利。农产品也同样，如果只考虑眼下的经济效率，那肯定是开展贸易自由化更好。

但是，农产品是食粮，是人们日常生活中不可或缺的。与工业制品不同的是，农产品常常无法进行大量且稳定的生产。全球人口今后还会继续增加，然而关键的农用地却并未随之增加。现有农用地也在因沙漠化而逐渐消失。

基于粮食安全保障的观点，世界各国大都在保护本国农业，努力提高粮食自给率。日本政府多年来也坚持投入相当数额的预算来保护农业，希望提高自给率。但是结果并不尽如人意。

受到政府保护的产业往往能取得相应的发展，进而可以从中尝到甜头，轻松挣到钱。比如，长年以来，日本旧大藏省（现财务省）保护银行，旧运输省（现国土交通省）保护航空客运业，旧厚生省（现厚生劳动省）保护制药产业。受保护期间，普通老百姓的存款利息被压低，同时还要支付高额机票钱和药费，结果就是相关业界的企业以此获得巨大利润。如今，托自由化的福（托保护减少的福），机票等商品便宜了不少，银行和航空公司也出现因竞争激烈而破产倒闭的情况。

不过，说到日本的农业，它并没有展现出受到保护的价值，最关键的粮食自给率持续下降，农民也没怎么赚钱。许多发达国家通过农业保护提高了自给率，甚至有的成为农产品出口国，但是为什么只有日本是这番光景呢？只能说农业保护的方法有问题。

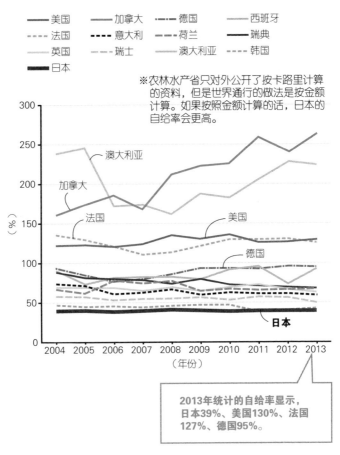

各国的粮食自给率（按卡路里计算）

图例：
- 美国
- 加拿大
- 德国
- 西班牙
- 法国
- 意大利
- 荷兰
- 瑞典
- 英国
- 瑞士
- 澳大利亚
- 韩国
- 日本

※农林水产省只对外公开了按卡路里计算的资料，但是世界通行的做法是按金额计算。如果按照金额计算的话，日本的自给率会更高。

（%）

300 250 200 150 100 50 0

澳大利亚
加拿大
法国
美国
德国
日本

2004 2005 2006 2007 2008 2009 2010 2011 2012 2013
（年份）

2013年统计的自给率显示，日本39%、美国130%、法国127%、德国95%。

（此图依照日本农林水产省官网所载表格进行制作）

推进贸易自由化的同时保护农业

保护农业并不等同于保护农户。稍微过分地说，农业应该受到保护，但是不要去保护所有的农户。一直以来，日本都是兼职农户享受着保护的恩惠，他们平日出门上班，利用闲暇务农。同时，农政也在以巨大的预算保护着土木业者，而不是保护农户。应该要废止这样的农政，出台新举措，让那些具有相当规模的大农户能够充分发挥本领和创新力。

再者，相对于发展中国家而言，比起工业和服务业来说，发达国家在农业上缺乏相对优势。换言之，发达国家的农户再怎么努力，也难以获得与其他产业相同的收入。

以前的日本通过限制农产品的进口等来上调价格、施加保护，但是还有其他方法，比如尽可能地促进贸易自由化，鼓励竞争，对那些有规模的大农户提供收入补贴。此举的好处是，让用于保护农业的支出成本变得透明。

"故乡纳税"的划算程度

"故乡纳税"就是捐款给出生地和想要支援的地区，则应缴税额可获减额。

可以减税

日本的税金种类繁多。消费税是每次购物时所有人都必须缴纳的，有车一族要缴汽车税，收入达到一定额度的人群要缴纳所得税和住民税。

住民税是享受自治体提供的垃圾收集等服务时的对等代价，要缴给自己所居住的自治体。东京等大城市可以征收大量的住民税，地方上则不尽然。

有些人虽然在地方上生长，因为地方的税金而享受教育，但是毕业后前往城市工作。可即便如此，他们还是很自然地会有一种想要报答出生地恩情的心理。再退一步说，有些人对于即便不是自己出生地的地方，比如受灾地或者自己喜欢的地方，也还是会想要支援。而他们可以使用的就是"故乡纳税"这个制度。

其机制是，向自己选择的自治体捐款（虽然被称为"故乡纳税"，但是严格来说，就是捐赠），从捐款中减去2 000日元之后的这个部分可以适用更低的所得税和住民税。

举一个例子，捐款1万日元时，税金可以便宜8 000日元。中间的2 000日元差额是自己承担。但是，有些自治体会对这些捐款者赠送土特产等谢礼。有些地方的谢礼甚至曾经超过捐款额度的一半，但是2017年4月，日本总务省发出倡议，要求各自治体将谢礼控制在捐款额度的30%以下，这才让情况有了改善。

假设通过1万日元的捐款得到了价值3 000日元的谢礼，而且自己承担额是2 000日元的话，这比不捐款的时候还能倒赚1 000日元。捐款5万日元并得到价值1.5万日元的谢礼的话，减去2 000日元也能赚到1.3万日元。

"故乡纳税"如此划算

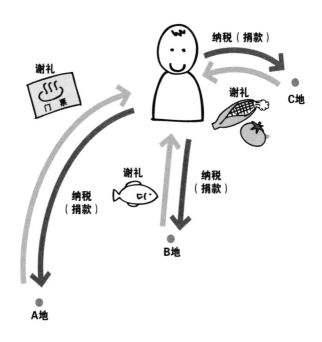

从所捐中减去2 000日元之后的这部分金额会以退回
所得税、抵扣住民税的形式再回来。
也就是说，实际上相当于以2 000日元的金额来获得
捐赠对象地回馈的谢礼（土特产）！

"故乡纳税"的注意事项

活用"故乡纳税"时，有几个注意事项。

根据收入以及家庭结构的不同，可以减税的捐款额度是有上限的（这原本就是与那些没有缴纳所得税和住民税的人无关的话题）。另外，有房贷抵扣的人可能用不了"故乡纳税"。还有，并不是捐了款就能减税，还需要办理相关的手续。必要时还需进行所得税的申报。

而且不是今年捐了款，今年的税金就变低，减额会反映在下一年度的税金当中，这也是要注意的一点。所以在家庭收支明细上，今年的捐款要暂时列为支出项。

当然，大家只是奔着谢礼去的话不免太过现实，但是"故乡纳税"的确在日本的税收体系激出了浪花。不同自治体之间为提高自身魅力而相互切磋，这从结果上来说也是有助于振兴地方发展的。

最后还有一点，越是那些住民税缴得多的高收入人群，利用"故乡纳税"的好处就越大。从公平性的角度来看，这一点还是值得质疑。

该怎么对待年金制度

年轻人能领取的年金远少于自己所缴纳的金额。

公共年金制度难以维系

虽说要为老了以后存钱，但并不是所有人都能从年轻起有计划地储蓄。所以日本政府创建了让大家在老了以后能够定期领钱的机制，这就是公共年金制度。

公共年金有"累积方式"和"现收现付方式"两种。累积方式的机制是，人们老了以后领取从年轻储蓄起来的钱。这样的话，即使人口结构发生变化，也不会出现人们无法领取的问题。日本从启动年金制度开始就采用的是累积方式。后来该制度调整成"修正累积方式"，再后来进一步变动，基本上就变成了现收现付方式。

现收现付方式是指，把正在工作中的这一代人缴的保险金①用作已退休的上一代人的年金。在这种方式之下，只要年金没有相当程度的减额，在像日本这样的少子老龄化一直持续的社会里，这个制度将难以维系。因为领取年金的人一直增加，而缴付这个钱的现役工作者逐渐减少。

而且日本政府承诺给当前领取年金者的金额非常高，无法用现役工作者缴的保险金填平。据说，将来付款所需的储备金和实际已累积金额之间的差额（累积不足）已经高达数百兆日元。

税金和年金的一体化改革

日本为什么会发展至这种地步？原因之一是20世纪70年代以来，自民党政权为博取人气，开始向高龄者慷慨解囊。

---

① 此处是指日本的社会保险，属于社会保障制度的一种，包括医疗保险、年金保险、介护保险、雇佣保险、工伤保险。

"累积方式"和"现收现付方式"

累积方式

年轻时工作并且累积年金

老了以后领取年金

★即使是少子化，也不会出现无法领取的问题。

现收现付方式

保险金

现役工作者的保险金被用于当时的老年人

★因为少子化的缘故而无法维系。

税金和年金的一体化改革

税金
（消费税等）

不作为保险金，而是从税金中支付年金。消费税是所有人都要支付的。

他们承诺大家可以领取到比自己所缴金额高几倍的年金。其结果是，**上了年纪的这代人可以领取比自己工作时所缴的金额多得多的年金，而现在的年轻人只能领取比自己所缴金额少得多的年金。**

这是多么不公平。

旧社会保险厅和厚生劳动官僚未能管理好年金，的确是责无旁贷。特别是后者，当年储备金尚且充足的时候，他们就像自己的钱一样，或是挪用给那些再就业高官把持的特殊法人，或是在日本各地大兴面子工程。

那怎么办才好呢？

要从根本上改革，还是应该开展"税金和年金的一体化改革"。

现在，没有缴付国民年金的保险金的人已经达到约40%（其中，5%是免交金，其余的35%是非免交金，但是没有缴付）。应该缴付保险金却没有缴付的人在老年之后也是可以领取年金的，作为现代化国家，对那些生活困窘的人，总不能放任不管，说"那是你们自己的责任，想饿死的话悉听尊便"。所以最后还是通过"生活保护"

等措施对这些人施以救济。

"生活保护"也是在用税金来填补的，所以其影响会波及税金。既然如此，从最开始的时候就把年金和税金一体化，这样反而更清楚。如果征收保险金的部门也可以和国税厅、税务署等合并的话，会更有效率。

给年轻人的经济启蒙

GDP上升，国家就更富裕了吗

并非GDP越高国家就越富裕。

通过GDP可以了解的事

经济学认为，基本上是经济活动（金钱的往来）越多，越富裕。衡量国家富裕程度的指标，一般使用的是GDP。GDP是在国内生产出来的价值的总和，统计的只是资金的流入和流出。

那么，GDP真的能体现国家的富裕程度吗？

在经济学的世界里，有这样广为流传的寓言故事。

话说有两个彼此相邻的国家，A国和B国的人口相同，GDP也不相上下。而且两个国家都没有蚊子，所以人们从未有夏夜被蚊子叮咬的烦恼。

然而有一年，A国政府从国外进口了蚊子，举国上下到处都有了蚊子。于是，A国国民无法忍受，纷纷为购买蚊香而奔走。结果A国的蚊香产业开始繁荣发展，GDP也远超B国。

那么，现在的A国国民和B国国民相比，哪个生活得更富裕呢？

还有一则故事。

南国岛屿的海边，当地人从白天开始就悠闲地休憩。

国外来的有钱游客见状，就说"不要休息了，应该要多工作"。结果，当地人问他："为什么要工作啊？"有钱游客明快地答道："工作了，就有钱赚呀。"结果当地人立刻反驳："有钱会怎样？"游客接着说："有钱就能像我一样，休假来南国度假呀。"于是，当地人笑了："什么呀，那不就跟现在的生活一样吗。"

经济富裕不代表生活幸福

不说寓言了，说说现实的，比如汽车出故障的时候，

究竟哪个才是幸福的?

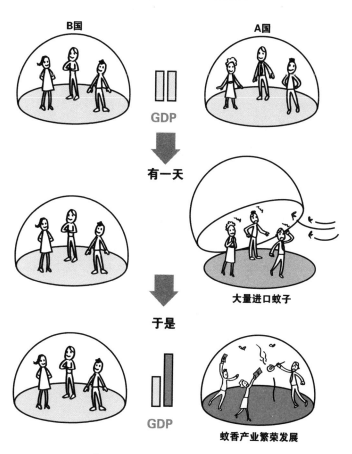

有金钱的往来，GDP就增加，
但是GDP高不代表丰足和幸福。

自己能修好的话，这种经济行为附加价值就是零，是不计入GDP的；送去修车行，付钱请人修的话才算进GDP里面。再比如人们爱惜衣物，所以一直穿着以前的旧衣服，可是这与GDP无关。只有持续性地弃旧买新，经济才会增长。

烦恼时有朋友可以谈心，没有朋友只能去付费咨询，到底哪个的生活更丰足呢？

一切都用钱解决的国家，的确是GDP会更高一些，但不能说该国人民的生活一定是幸福的。

给年轻人的经济启蒙

有钱，就能幸福吗

金钱和幸福没有直接关系，但是太穷就有问题。

单靠有钱是不能让人幸福的

人们常说"有钱难买幸福"。

但与此同时，也有人放出豪言："钱买不来幸福，这句话只不过是没钱人的自我安慰。"到底哪个才正确呢？

美国有一项关于彩票中奖者幸福感的研究。

该研究表示，刚中大奖后会理所当然地感受到数倍于中奖前的幸福感，但是这种感觉会逐渐减少，一年后，幸福感就会下降到接近原来的水平。

当询问年轻人："你觉得怎样才会幸福呢？"比如对

方回答说，"能买辆车的话就幸福"。几年后再去问那个买了车以后的人同样的问题，他会说"买了房就幸福了"。然后，买完房子可能会接着说"还想有个别墅"……人的欲求是无止境的。

不光是美国和日本，**许多国家的幸福感问卷调查都显示，幸福感与该国的经济发展程度之间没有明确的直接关联。**

另外，还有一种说法是，相当贫穷的国家的人或许不太幸福，但是当他们达到一定的富裕程度后，即使接下来还会更加富裕，他们的幸福感也不一定会再增加。

二战之后的经济高速增长期，日本在短期内飞跃式地实现了富裕，然而这期间国民的幸福感没有太大变化。大家都觉得这很不可思议。

许多人认为"经济富裕了，就会变得幸福"，其实对于他们而言，幸福就像海市蜃楼，怎么追也追不到手。或许幸福根本就存在于别处。

卓别林的电影《舞台春秋》里有句经典台词："人生

到什么程度才算幸福呢?

所需要的，无非就是勇气和想象力，还有一点点钱啊。"

但是，要认真工作得到回报

虽说如此，过于贫穷的话还是很难幸福的。世界上有不少非常贫穷的国家。照富裕国家的话来说，他们买不起价值低廉的食物和药品，所以大多数孩子的健康状况堪忧，只能被饿死。那样的国家必须努力富裕起来。发达国家必须积极伸出援手。

但是有个问题，国民都能被饿死的国家，其政府基本上是非民主的，是腐败的。国民即使想要认真工作，也无法自由地开展经济活动。在官僚和政治家那里没有门路或者不搞贿赂，就任你再怎么努力也爬不上去。在一个政府努力剥削百姓的国家里，要致富是非常困难的。

回过头来看看，日本又是如何呢？的确很少有官僚和政治家会公然索贿。但是，他们通过预算和审批权，用尽心思安排退休官僚再就业。因为是使用税金来中饱私囊，这就与贿赂无异，同样令人不齿。

认真工作就有回报，弱势群体可以得到善待。这样的社会并非不劳而获或者仅凭政府就能轻易实现的，它需要大家共同的努力。